poesia
da
recusa

COLEÇÃO SIGNOS
dirigida por Augusto de Campos

Supervisão editorial:
J. Guinsburg

Projeto gráfico e capa:
Sergio Kon

Edição de texto:
Soluá Simões de Almeida

Revisão de provas:
Ricardo W. Neves

Produção:
Ricardo W. Neves
Sergio Kon

poesia da recusa

augusto de campos

PERSPECTIVA

© Augusto de Campos

Dados Internacionais de Catalogação na Publicação (CIP)
(Câmara Brasileira do Livro, SP, Brasil)

Campos, Augusto de
Poesia da recusa / Augusto de Campos. – São Paulo :
Perspectiva, 2011. – (Signos ; 42)

ISBN 978-85-273-0766-6

1. Poesia – História e crítica I. Título. II. Série.

06-5873   CDD-809.1

Índices para catálogo sistemático:
1. Poesia : História e crítica   809.1

Direitos reservados à

EDITORA PERSPECTIVA LTDA.
Alameda Santos,1909, cj.22
01419-100 São Paulo SP
tel: (11) 3885-8388

www. editoraperspectiva.com.br

2023

s u m á r i o

15 Poesia da Recusa (introdução)

QUIRINUS KUHLMANN

21 Quirinus Kuhlmann: a poesia em chamas

26	Der XLI. Libes-kuss	41º Beijo de Amor
28	Kühlpsalm 62 (II)	Quirinossalmo 62 (II)

STÉPHANE MALLARMÉ

35 A implosão poética de Mallarmé

42	Renouveau	Primavera
44	Las de l'amer repos...	Cansado do ócio amargo...
46	Tristesse d'été	Tristeza de verão
48	Sur les bois oubliés...	Pelos bosques do olvido...
50	Angoisse	Angústia
52	Victorieusement fui...	Triunfalmente a fugir...
54	M'introduire dans ton histoire	Introduzir-me em tua história
56	Mes bouquins refermés...	Pafos – um nome só...
58	Sonnet	Soneto
60	Billet à Whistler	Bilhete a Whistler

| 62 | Remémoration d'amis belges | Rememoração de amigos belgas |
| 64 | Prose | Prosa |

73 Da geração que dissipou seus poetas

ALEKSANDR BLOK

85 Cleópatra

87 Ravena

Do Ciclo "Veneza"

89 II. Pelas lagunas, frio vento

90 III. O barulho da vida já não dura

Do Ciclo "Florença"

92 I. Morre, Florença, meu judas

93 IV. As pedras queimam de calor

Do Ciclo "Dança da morte"

94 Noite. Fanal. Rua. Farmácia

ANNA AKHMÁTOVA

97 Torci os dedos sob a manta escura...

98 Cleópatra

99 Intradução: asa de akhmátova

BORIS PASTERNAK

103 "Contra a fama"

ÓSSIP MANDELSTAM

107 A pedra de Mandelstam

112 O som seco

113 Este meu corpo

114 Silentium

115 A concha

116 Odeio o brilho frio

117 Não posso tocar

118 Não é a lua

119 Cassino

120 Valquírias arfam

121 Lembremos Roma

122 Insônia. Homero.

123 Vivemos sem sentir o chão nos pés

De "Oitavas"

124   IV. Borboleta, ó muçulmana

124   VI. Diz, desenhista dos desertos

Dos "Cadernos de Vorôniej"

125   1. Liberta-me, libera-me, Vorôniej

125   2. Como pedra do céu, na terra, um dia

125   3. O que lutou contra o óxido e o bolor

126 Intradução: o som (mandelstam)

SIERGUÉI IESSIÊNIN

129   Iessiênin: mais à esquerda que a esquerda

De "Ótchar"
134   Nuvens – como lagos
De "Inonia"
135   Um ladrido de sinos sobre a Rússia

MARINA TZVIETÁIEVA

139   A recusa de Tzvietáieva

Do ciclo "Insônia"
150   Negra como pupila; como pupila, sol
Do ciclo "O Aluno"
151   Pelos montes – túmidos e úmidos
Do ciclo "Louvor de Afrodite"
152   Diante de um rio que é já outro rio

153   Diálogo de Hamlet com a consciência

154   A carta

155   Tentativa de ciúme

157   À vida

158   Silêncio, palmas!

160   Nereida

Do ciclo "Maiakóvski"
161   Encontro de Maiakóvski e Iessiênin no Outro Mundo

165   Abro as veias

166   Jardim

168 Comer

Do ciclo "Versos à Tchecoslováquia"

169 Tomaram

170 Lágrimas de ira e amor!

WILLIAM BUTLER YEATS

173 Yeats: a torre e o tempo

180	The fascination of what's difficult	O prazer do difícil
182	No second Troy	Nenhuma Troia a mais
184	Leda and the Swan	Leda e o Cisne
186	Sailing to Byzantium	Navegando para Bizâncio
190	Byzantium	Bizâncio
194	Her dream	Berenice
196	The tower	A Torre

GERTRUDE STEIN

215 Gertrude Stein: sim e não

228	A portrait of one	Um retrato de um
230	If I told him	Se eu lhe contasse
238	George Hugnet	George Hugnet
240	Identity: a tale	Identidade: um conto
244	From Four saints in three acts	De Quatro santos em três atos
248	From Listen to me	De Escute aqui

WALLACE STEVENS

253 Wallace Stevens: a era e a idade

262 Le monocle de mon oncle   Le monocle de mon oncle

274 Tattoo   Tatuagem

276 The worms at Heaven's Gate   Os vermes no Portão do Céu

279 Intradução: vocalissimus

HART CRANE

283 Hart Crane: a poesia sem troféus

296 Praise for an urn   Louvor a uma urna

300 Garden abstract   Jardim abstrato

302 Voyages III   Viagens III

304 O Carib isle!   Ó ilha do Caribe!

308 The air plant   A planta do ar

310 Medusa   Medusa

312 Imperator victus   Imperator victus

DYLAN THOMAS

317 Dylan Thomas: o bardo rejeitado

330 The force that through the green fuse drives the flower
A força que do pavio verde inflama a flor

332 The hand that signed the paper felled a city
A mão que assina o ato assassina a cidade

334 And death shall have no dominion
E a morte não terá domínio

338 A refusal to mourn the death, by fire, of a child in London
Recusa a prantear a morte, pelo fogo, de uma menina em Londres

340 In my craft or sullen art
Neste meu ofício ou arte

342 Do not go gentle into that good night
Não vás tão docilmente

344 Vision and prayer
Visão e prece

357 Nota informativa
359 Índice das ilustrações

poesia da recusa

Em defesa de Mallarmé, afirmou Valéry, certa vez, que o trabalho severo, em literatura, se manifesta e se opera por meio de recusas; pode-se dizer que ele é medido pelo número de recusas. A melhor poesia que se praticou em nosso tempo passou por esse crivo. Da recusa estética (Mallarmé) à recusa ética (Tzvietáieva), se é que ambas não estão confundidas numa só, essa poesia, baluarte contra o fácil, o convencional e o impositivo, ficou à margem e precisa, de quando em vez, ser lembrada para que a sua grandeza essencial avulte sobre o aviltamento dos cosméticos culturais.

Nenhum melhor ícone para alegorizar a poesia da recusa do que esse longínquo predecessor, o estranho poeta-mártir Quirinus Kuhlmann, ressurgindo das luminosas cinzas do barroco alemão para comparecer a este concerto de vozes dissonantes com seu misticismo rebelionário e original, sob a evocação fantasmagórica do sacrifício nos braseiros da Rússia czarista.

Os poetas aqui reunidos, por diferentes que sejam entre si, têm em comum a bandeira da recusa. Evidente nos enigmas de Mallarmé, exposta dramaticamente na voz abafada dos russos da "geração que dissipou seus poetas", segundo a expressão de Jakobson, também está presente nas propostas radicais de Gertrude Stein e nas especulações mais ousadas do Yeats pós-Pound. E ainda nas abstrações imagístico-expressionistas de Wallace Stevens ("How many poems he denied himself?") ou de Hart Crane, que se suicidaria em 1932, juntando-se ao rol dos grandes poetas russos, seus contemporâneos, Iessiênin e Maiakóvski, mortos pelas próprias mãos em 1925 e 1930, e à cuja trágica renúncia viria somar-se também a de Tzvietáieva, em 1941. O poema em que esta os homenageia – um diálogo imaginário pós-morte entre os seus coirmãos, literariamente antagônicos, mas unidos pela rebeldia poética e pelo mesmo trágico fim – emblematiza essa forma-limite de recusa.

Nem todos os poetas apresentados neste livro pertencem, estritamente, à categoria dos "inventores", os descobridores de novos procedimentos artísticos, privilegiados nas minhas aventuras tradutórias. Mas todos eles são extraordinários artífices do ofício poético, com os quais há muito que aprender. E aqui estão representados, tanto quanto possível, por suas propostas mais radicais, seja pela linguagem seja pela postura ético-estética. Uma perspectiva crítica que fraterniza a última poesia de mestres incontestáveis como Blok e Yeats, instigados à renovação pelas gerações vanguardistas das primeiras décadas do século XX. E recobre um amplo arco poético de traçado irregular e imprevisto. Do Pasternak implacável, que concita o poeta a "apagar-se no anonimato", ao Iessiênin menos conhecido – não o "guitarriarcaico", abominado por Maiakóvski, mas o blásfemo e terrível de "Inonia". Da poesia sensitiva, mas sóbria e inflexível, de Akhmátova à poesia-pedra de Mandelstam, e da "marginália" sonorista e satírica do poeta perseguido às "tarântulas" metafóricas com que Hart Crane sinalizou a sua solidão caribeana. E destas às "rajadas de biopalavras" do bardo rejeitado, Dylan Thomas.

As minhas traduções procuram preservar as características formais do original. São, nesse sentido, estudos de dicção e de estilo. Mas o meu lema é oferecer ao público somente aqueles poemas que efetivamente continuem poemas depois de traduzidos. Daí a necessidade de captar, além da sua forma, a sua "alma", o que traz para o tradutor o problema de identificar-se com o texto e abdicar de uma programação inteiramente premeditada. Essas motivações, que implicam uma questão de empatia, a par das dificuldades dos próprios poemas, os seus diferentes graus de traduzibilidade, ditam o maior ou menor número de peças deste ou daquele autor. Trata-se, pois, de uma intervenção seletiva, inevitavelmente idiossincrática, dentro dos parâmetros conceituais propostos.

De Kuhlmann a Thomas, a poesia se mostra, aqui, em toda a sua integridade ética e estética. Não há concessões. Não há apelações. A poesia requer de nós algum instinto revolucionário, sem o qual ela não tem sentido. Os textos escolhidos manifestam, implicita ou explicitamente, formas de desacordo com a sociedade ou com a vida, capazes – eu suponho – de despertar esse ímpeto revolucionário nos leitores e fazer com que as suas vivências se enriqueçam com a sofrida experiência da recusa poética.

quirinus
kuhlmann

quirinus kuhlmann
a poesia em chamas

Estranhíssimo é o percurso do poeta barroco alemão Quirinus Kuhlmann, que nasceu em 25 de fevereiro de 1651 em Breslau (Silésia), filho de um artesão, de família protestante. Autor precoce de epigramas e epitáfios (1666), aos 20 anos publicou *Himmlische Liebesküsse* (Beijos de Amor Celestes), conjunto de 50 sonetos, entre os quais o 41º, "Der Wechsel menschicher Sachen" (A Alternância das Coisas Humanas), notável exemplo de arte combinatória derivado das teorias do teólogo catalão Ramon Lull (1233-1316) e do jesuíta alemão Athanasius Kircher (1602--1680). Mais tarde vieram as duas séries de *Kühlpsalter* (1684-6), 150 salmos que resumem a sua experiência de poeta visionário e extático. Afirma uma antiga biografia que, caindo doente aos 19 anos, Kuhlmann teve uma visão terrível no terceiro dia de sua enfermidade, quando todos acreditavam que iria morrer. Ele se viu então cercado de todos os demônios do inferno, em pleno meio-dia. A esta visão sucedeu-se a de Deus, cercado por seus santos, com Jesus Cristo no meio. O jovem Kuhlmann sobreviveu e passou a sentir "coisas inenarráveis" e a ver-se para sempre acompanhado de um círculo de luz do seu lado esquerdo. Deixou a sua cidade para estudar jurisprudência na Universidade de Jena, curso que não chegou a completar. Viajando para Leide, por volta de 1673, recebeu grande influência doutrinária do místico Jakob Böhme (1575-1624), vindo a tornar-se, ele mesmo, o fundador e o pregador ambulante de uma seita messiânica que denominava "jesuélica", e que o levou a Londres, Paris, Amsterdã, Genebra e outras cidades, sempre perseguido pela fama de herético e agitador. Em suas andanças proselitistas, chegou a tentar converter, sem êxito, o sultão da Turquia. Por fim, na Rússia, denunciado ao czar pelo patriarca da igreja ortodoxa, foi preso e torturado, e por não renegar suas crenças, condenado à morte. Posto numa gaiola de madeira com os seus livros considerados heréticos, foi queimado vivo em 4 de outubro de 1689 em Moscou. Kuhlmann é hoje considerado uma das figuras mais originais do barroco literário alemão.

Comentando o soneto 41 da sua coletânea *Beijos de Amor Celestes*, esclarece o próprio Kuhlmann que o texto propicia milhares de outras combinações, todas elas contidas embrionariamente em seus 12 primeiros versos. Se permutarmos as 13 palavras centrais, deixando intactos, em suas posições, os primeiros e os últimos vocábulos de cada verso, são possíveis até 6.227.020.800 combinações. O escriba mais zeloso – afirma ele – que se dispusesse a colocar no papel 1000 desses versos por dia, teria trabalho para mais de um século. Diz ele ainda textualmente: "nesse poema estão condensadas todas as sentenças da logo-reto-eto-filo-ritmo--geo-acústico-astro-médico-fisio-jurídico-grafologia, e quanto mais for ele sondado mais coisas se encontrarão aí". É ele um precursor, como se vê, das especulações permutatórias que encontraram em nosso tempo um exemplo conhecido nos *Cent Mille Milliards de Poèmes* (Cem Mil Bilhões de Poemas) de Raymond Queneau. Tenho minhas reservas à experiência de Queneau, parecendo-me que as permutações, quando nada acrescentam ao poema, remanescendo num plano de indiferença receptiva, não logram ir além de curiosidade estatística. Mesmo assim, tais jogos combinatórios têm interesse e sugerem algo das configurações interativas da arte digital, que admitem a interferência do espectador na estrutura do texto. Não à toa, tanto os sonetos de Queneau, quanto o de Kuhlmann, já ganharam edições informático-permutatórias em sites da internet, a do poeta alemão a cargo de Ambroise Barras. Estudiosos das práticas digitais como Paul Braffort e Jacques Donguy não deixam de referir o soneto de Kuhlmann entre os antecessores da poesia informatizada. O procedimento adotado pelo poeta barroco tem a reforçá-lo o isomorfismo com o tema escolhido – a alternância das coisas humanas – , o que lhe confere uma autenticidade semântica que não se vislumbra no artificialismo das construções apenas formais. Mas há algo que me interessa especialmente no soneto de Kuhlmann. No original, todas as palavras internas são monossílabos, uma imposição que se faz necessária para manter a estrutura rítmica do texto. Isso dá ao poema uma liberdade gramatical e uma sonoridade peculiar, *staccato*-percussiva, que é raro encontrar em poemas de antes e depois. Por isso mesmo, a minha tradução, bastante livre, procurou utilizar o maior número possível de palavras curtas, sem pretender chegar ao minimalismo kuhlmanniano, já que o estoque de palavras monossilábicas em português é incomparavelmente menor. Com vistas a esse critério, assim como ao cuidado de manter sonoridade e ritmo aproximados aos do texto de partida, não me preocupei em seguir à risca a semântica do poema, mantendo-me atento o quanto possível às antinomias que vinculam muitas palavras duas a duas, e que constituem um eixo de solidariedade significante nas numerosas trocas posicionais permitidas às palavras. No original, Quirinus repete doze palavras. Uso de igual licença na tradução, ainda mais que autorizado pela escassez monossilábica em português. Dou ao leitor ao menos duas quadras inteiramente em monossílabos, para que possa vivenciar em nossa língua o efeito rítmico do original. Penso que o resultado geral pode dar uma ideia do funcionamento do poema, tal como foi concebido, e transmitir um pouco de sua intensidade e significação poética.

Outro exemplo notável da criatividade de Kuhlmann é o "Kühlpsalm 62", da segunda safra desse ciclo de poemas. Ele os chamava de "Kühlpsalter", fazendo um jogo de palavras entre "kühl" (refrescante) e o seu próprio nome, mais "saltério", com a pretensão de trazer o bálsamo da sua fé a um mundo devastado por chamas demoníacas. "Balsalmos"? À falta de transposição melhor, prefiro referir-me a eles como "Quirinossalmos", não solução que me parece soar melhor em português e que homenageia diretamente o poeta. Em clave mais críptica e individual, filiados que são ao idioleto "jesuélico", têm esses poemas o fervor místico de San Juan de la Cruz, de quem Kuhlmann traduziu com alta competência estrofes da "Noche Oscura" e do "Cântico Espiritual". Vertido para o português, o "Quirinossalmo 62" me lembra um pouco a linguagem dos poemas ocultistas de Fernando Pessoa.

Em suma, antecipando procedimentos do expressionismo alemão, em particular as infrações linguísticas de August Stramm, o mais radical dos seus protagonistas, e até práticas mais avançadas do moderno experimentalismo, esse poeta barroco, ainda mal conhecido e pouco estudado e reeditado, nos oferece uma poesia insólita. Sua exaltação espiritual não tem peias vocabulares. Ele altera funções gramaticais, arrisca neologismos e chega a aglomerados de palavras em liberdade pelos caminhos da arte combinatória, com grande impacto emocional e poético.

Por tudo isso, o fogo da vida e da poesia de Quirinus Kuhlmann não parece apagar-se. Incendiário de almas e palavras, o poeta-mártir queimado vivo já ressurge das cinzas, com trágico vigor, entre os humilhados e os ofendidos da poesia, sob o foco que ilumina, através dos séculos, os que recusam o banal das ideias e da linguagem.

der XLI. libes-kuss
der wechsel menschlicher sachen

Auf Nacht/Dunst/Schlacht/Frost/Wind/See/Hitz/Süd/Ost/West/Nord/ Sonn/Feur/und Plagen
Folgt Tag/ Glantz/Blutt/Schnee/Still/Land/Blitz/Wärmd/Hitz/Lust/Kält/Licht/Brand/und Noth.
Auf Leid/Pein/Schmach/Angst/Krig/Ach/Kreutz/Streit/Hohn/Schmertz/Qual/Tükk/Schimpf / als Spott
Wil Freud/Zir/Ehr/Trost/Sig/Rath/Nutz/Frid/Lohn/Schertz/Ruh/Glükk/Glimpf/stets tagen.

Der Mond/Glunst/Rauch/Gems/Fisch/Gold/Perl/Baum/Flamm/Storch/Frosh/Lamm/Ochs/und Magen
Libt Schein/Stroh/Dampf/Berg/Flutt/Glutt/Schaum/Frucht/Asch/Dach/Teich/Feld/Wisz/und Brod
Der Schütz/Mensch/Fleisz/Müh/Kunst/Spil/Schiff/Mund/Printz/Rach/Sorg/Geitz/Treu/und Gott
Suchts Zil/Schlaff/Preisz/Lob/Gunst/Zank/Port/Kusz/Thron/Mord/Sarg/Geld/Hold/Danksagen.

Was Gutt/stark/schwer/recht/lang/grosz/weisz/eins/ja/Lufft/Feur/hoch/veit/genennt
Pflegt Bösz/schwach/leicht/krum/breit/klein/schwartz/drei/Nein/Erd/Flutt/tiff /nah/zumeiden
Auch Mutt/lib/klug/Witz/Geist/Seel/Freund/Lust/Zir/Ruhm/Frid/Schertz/Lob/musz scheiden
Wo Furcht/Hasz/Trug/Wein/Fleisch/Leib/Feind/Weh/Schmach/Angst/Streit/Schmertz/Hohn/schon remnt.

Alles wechselt; alles libet; alles scheinet was zu hassen:
Wer nur disem nach wird denken/musz di Menschen Weissheit fassen.

4 1º beijo de amor
a alternância das coisas humanas

Pós noite/pez/ardor/gelo/som/mar/sol/sal/gris/raíz/trom/praga/fogo/ e horror,
Vêm dia/blau/frio/flux/psiu/cais/sul/sede/cãs/flor/fim/dom/água/ e canção.
Pós cris/breu/ruir/medo/guerra/ais/cruz/luto/ira/mal/pena/ruim/vaia/ ou dor,
Já sol/alba/fruir/suor/paz/rir/graal/gala/amor/bem/dó/bom/loa/ estão.

Qual lua/grou/rio/um/mar/pó/val/voz/pá/pé/cão/mó/rã/ com calor
Atrás de luz/voar/foz/par/nau/ar/flor/tom/chão/lã/mão/grão/ rio/ irão,
Tal nó/mãe/mau/nau/meu/réu/vir/rei/clã/frei/juíz/sem/Deus/ e valor
Pedem mão/pai/pau/vau/teu/lei/lar/ás/grei/sé/fãs/mais/fé/ e ação.

Quem vai/fiel/são/ter/ir/lá/com/cal/três/sim/sus/ar/céu/ amar
Buscam vem/cruel/pus/ser/vir/cá/sem/pez/mil/não/sub/chão/rés/ em vão.
Nem têm cem/prol/tez/nu/vez/mor/bom/léu/jus/rir/voz/lis/mel/ lugar
Onde só/dor/giz/véu/viés/pior/vil/lio/caos/guai/pio/noz/ fel/ são.

Tudo muda; tudo ama; tudo quer tudo combater:
Só quem medita neste lema alcançará o saber

kuhlmann

(1671)

quirinus

kühlpsalm 62 (II)

Recht dunkelt mich das Dunkel,
Weil Wesenheit so heimlichst anbeginnt!
O seltner Glückskarfunkel!
Es strömt, was äußerlich verrinnt,
Und wird ein Meer, was kaum ein Bächlein gründt.

Je dunkler, je mehr lichter:
Je schwärzer alls, je weißer weißt sein Sam.
Ein himmlisch Aug ist Richter:
Kein Irdscher lebt, der was vernahm;
Es glänzt je mehr, je finster es ankam.

Ach Nacht! Und Nacht, die taget!
O Tag, der Nacht vernünftiger Vernunft!
Ach Licht, das Kaine plaget
Und helle strahlt der Abelzunft!
Ich freue mich ob deiner finstern Kunft.

O längst erwart'tes Wunder,
Das durch den Kern des ganzen Baums auswächst!
Du fängst neu Edens Zunder,
Ei, Lieber, sieh, mein Herze lechzt!
Es ist genug! Hör, wie es innig ächzt!

O unaussprechlichst Blauen!
O lichtste Röt! O übergelbes Weiß!
Es bringt, was ewigst, schauen,
Beerdt die Erd als Paradeis;
Entflucht den Fluch, durchsegnet jeden Reis.

quirinossalmo62 (ii)

É justo que me escure o escuro
Porque à essência do ser assim convém.
Ó raro cristal puro!
Já escorre o que corria além.
E todo um mar num rio se contém.

Se é mais escuro, é ainda mais claro:
Quanto mais negro, mais alva a semente.
O olho celeste há de julgar o
Que a nenhum homem se consente.
Brilha ainda mais, quando menos patente.

Ah, noite! Noite que se dia,
Ah, dia, mente que a noite alimenta!
Ah, luz que Caim adia!
Luz que à legião de Abel alenta!
Saúdo a tua insurreição cinzenta.

Ó maravilha pressentida,
Que pelo cerne da árvore se enrama!
Doas um Novo Éden à vida,
Vê só meu ser, como se inflama!
Escuta como em mim tudo te chama!

Ó indizível anilar!
Claro rubi! Além-âmbar alvura!
Que o eterno à terra faz chegar
E em paraíso a transfigura,
Que enria o rio e em toda flor perdura.

(1686)

O Erdvier! Welches Strahlen!
Der Finsterst ist als vor die lichtste Sonn.
Kristallisiertes Prahlen!
Die Welt bewonnt die Himmelswonn:
Sie quillt zurück, als wäre sie der Bronn.

Welch wesentliches Bildnis?
Erscheinst du so, geheimste Kraftfigur?
Wie richtigst, was doch Wildnis?
O was vor Zahl? Ach welche Spur?
Du bist, nicht ich! Dein ist Natur und Kur!

Die Kron ist ausgefüllet,
Die Tausend sind auch überall ersetzt:
Geschehen, was umhüllet;
Sehr hoher Röt, höchst ausgeätzt,
Daß alle Kunst an ihr sich ausgewetzt.

Die Lilien und Rosen
Sind durch sechs Tag gebrochen spat und früh:
Sie kränzen mit Liebkosen
Nun dich und mich aus deiner Müh.
Dein Will ist mein, mein Will ist dein, vollzieh.

Im jesuelschen Schimmer
Pfeiln wir zugleich zur jesuelschen Kron:
Der Stolz ist durch dich nimmer!
Er liegt zu Fuß im höchsten Hohn.
Ein ander ist mit dir der Erb und Sohn.

Ó quadriterra! Ó resplendor!
O mais escuro é como um meio-dia!
Carbúnculo de amor!
O mundo é já céu-alegria!
A terra luz como só um sol faria!

De quem és o sinal secreto?
Que força estranha forja-te a figura?
Como no caos achas o reto?
Que número és? Que marca obscura?
Tu és, não eu! És natureza e és cura!

A coroa está pronta,
Que é uma em toda a parte e vale mil.
O que era oculto já desponta;
Aurora altiva, áureo buril;
Toda arte diante dela é pobre e vil.

Olha os lírios e as rosas
Por seis dias colhidos, dia a dia;
Carícias amorosas
Coroam-nos, por tua agonia,
E o meu desejo ao teu, uno, se alia.

Um jesuélico fulgor
À alta coroa flecha-nos certeiro.
O orgulho já se vai depôr
Sob teu desprezo sobranceiro.
Um outro está contigo, filho e herdeiro.

stéphane
mallarmé

a implosão poética de mallarmé

O Mallarmé de olhos para o futuro, o que estabelece os degraus construtivos para que se constituam as novas estruturas arquitetônicas da poesia em nosso século é, sem dúvida, o de "Um Lance de Dados" e o do apenas delineado "Livro". Isso não quer dizer, no entanto, que o restante de sua poesia não seja relevante ou não mereça ser estudado e apreciado. Sob certos aspectos, o das microestruturas em especial, os textos anteriores – mais até do que "Um Lance de Dados", com seu discurso fraturado, mas relativamente límpido, especulativo-filosófico, quase-prosa – parecem operar uma implosão sintática e imagética na linguagem da poesia: conflitam figuras gramaticais, relativizam a ordem do discurso, abstratizam as associações de imagens, modificando profundamente a nossa percepção e o nosso entendimento. Patenteia-se neles, desde o início, a recusa a acolher os códigos vigentes da ordem poética, ainda que, antes do "Lance de Dados", Mallarmé aceite trabalhar com as formas exteriores da poesia convencional, sonetos e quadras, como um sabotador que preferisse atuar, com sutil estratégia, dentro do território inimigo, para aí colocar, discretamente, os seus artefatos demolidores: "Je ne connais pas d'autre bombe qu'un livre". Ou como resumiu Sartre: "La poésie est l'unique bombe".

As minhas traduções anteriores se encontram no livro dedicado ao poeta, que condivido com Haroldo de Campos e Décio Pignatari, Mallarmé[1] e em Linguaviagem[2], onde incluí o poema longo "Hérodiade".

As traduções agora apresentadas recobrem todas as fases de Mallarmé, dos versos dos primeiros anos aos da maturidade, e mostram a coerência do seu projeto, do início ao fim, estendendo progressivamente a sua rebeldia até chegar ao poema intitulado paradoxalmente "Prosa", o mais enigmático e um dos mais ousados experimentos do poeta, onde se revela ao extremo o tratamento implosivo a que submete a linguagem – a descontinuidade imagética, a dispersão semântica, as fissuras sintáticas – dentro das quadras normativas em que o texto se comprime.

Não seria difícil fazer acompanhar estas novas traduções de glosas interpretativas, com base nos numerosos trabalhos de críticos que ao longo do século se têm debruçado sobre os textos sibilinos do poeta. Mas me parece indevido amortecer o choque de uma linguagem tão mágica e surpreendente com o aparato das notas exegéticas, que explicam o que podem, sem esclarecer cabalmente o sentido e sem jamais desvendar o encanto dessas estranhas e cifradas abstrações. Apenas para não desanimar o leitor de primeira viagem e estimulá-lo a ir além, entendo útil fornecer duas ou três chaves que podem facilitar a degustação dos esfíngicos acepipes que nos oferece Mallarmé, um poeta para quem "nomear um objeto é suprimir três-quartos do prazer do poema, que é feito de adivinhar pouco a pouco: sugerir, eis o sonho". Para ele, "é o perfeito uso desse mistério que constitui o símbolo: evocar pouco a pouco um objeto para mostrar um estado de alma, ou, inversamente, escolher um objeto e extrair dele um estado de alma, por uma série de decifrações".

---

1. São Paulo: Perspectiva, 1983 (3. edição, 2006).

2. São Paulo: Companhia das Letras, 1987.

Dos doze textos aqui traduzidos, o mais antigo é o soneto *Renouveau* (Primavera). A primeira versão do poema, com o título "Vere Novo", data de 1862; a definitiva apareceu na edição de *Poésies*, de 1887. É dos mais acessíveis. Nenhum comentário melhor do que o do próprio poeta em carta a Henri Cazalis (4 de junho de 1862): "Depois de três meses de impotência, desembaracei-me enfim dela e meu primeiro soneto é consagrado a descrevê-la, isto é, a maldizê-la. É de um novo gênero esta poesia onde os efeitos materiais do sangue, dos nervos são analisados e misturados aos efeitos morais, do espírito, da alma".

"Las de l'amer repos..." (Cansado do ópio amargo...), escrito em 1864, foi estampado na coletânea de *Le Parnasse Contemporain* de 1866. O poeta retoma e expande o tema do rigor obstinado que o leva, da esterilidade à indiferença, a recusar a "Arte voraz" de "um país cruel" e identificar-se com o refinado pintor chinês da sua imaginação. A esterilidade de Mallarmé – como bem observou Valéry – "não é não produção: mas não aceitação"; sua arte, uma arte de recusas, e ele um dos "mártires da resistência ao fácil". Notável, neste poema, a compressão sintática: o empilhamento e a interseção dae frases em dois longos períodos. E a síntese *fanopaica*, visualista, dos últimos versos, onde a paisagem se condensa, pré-imaginista, entre ideograma e abstração.

Datado também de 1864, o soneto "Tristesse d'Été" (Tristeza de Verão) gira em torno de alguns temas caros a Mallarmé: de um lado, os cabelos da mulher, que o sol infunde de eflúvios amorosos, e, de outro lado, o azul (o céu) e a pedra, insensíveis, próximos do Nada e da tristeza, que parece querer contaminar a amada, ante a impossibilidade de eternizar o amor, de imortalizá-lo na "única múmia" dos dois amantes. De todo modo, o texto, que se presta a muitas interpretações, acusa uma inviabilidade amorosa e lida com o conflito das emoções que a mulher desperta no poeta.

O soneto "Sur les bois oubliés..." (Pelos bosques do olvido...). que a dedicatória situa em 1877, só foi revelado na edição de *Poésies* publicada em 1913 pela Nouvelle Revue Française, quinze anos depois do falecimento do autor. A obra institui um ritual fantasmagórico de amor entre o sobrevivente (o amigo a quem o soneto é oferecido) e a mulher morta. É ela que, figuradamente, fala ao companheiro inconsolável ("o escravo solar", na minha versão), a fim de tranquilizá-lo: para que ela reviva não são necessárias as flores que o inverno recusa ao sepulcro (a "ausência de buquês"); basta que ela ouça o seu nome murmurado nos lábios do amante – "le souffle de mon nom murmuré tout un soir", como está no magnífico verso aliterativo e palindrômico ("mon nom") que fecha o poema e que a tradução tenta reproduzir.

A primeira versão do soneto "Angoisse" (Angústia), que as cartas de Cazalis, Des Essarts e Lefebure, amigos do poeta, permitem datar de fevereiro de 1864, intitulava-se "A une putain". Quando foi publicado em Le Parnasse Contemporain (1886) o título passou a ser "A celle qui est tranquile", evidente alusão ao poema de Baudelaire "A celle qui est trop gaie". Por fim, na edição das Poésies (1887), o texto apareceu com o título definitivo, "Angoisse". Trazendo ainda as marcas da influência baudelaireana, o soneto infiltra no tema da culpa carnal, tratado com realismo, os da esterilidade e do nada, que atormentariam Mallarmé por toda a vida, elaborados subsequentemente em dimensões metafísicas cada vez mais profundas. A minha tradução sacrifica algumas imagens para manter o rigor da construção ao lado da fluência do discurso, sendo a minha principal preocupação não perder os achados mallarmeanos: o verso "Toi que sur le néant en sais plus que les morts" (que a Des Essarts parecera "sublime"), vertido por "Tu que ainda sabes mais que os mortos sobre o nada", e os dois versos finais, de grande dramaticidade.

É de 1885 a primeira versão do soneto "Victorieusement fui..." (Triunfalmente a fugir...), publicado na sua forma original dois anos depois. Aqui, três imagens se sobrepõem e interpenetram: a do ocaso ("le suicide beau", o belo suicídio); a do poeta que associa o morrer do sol à sua própria morte ("l'absent tombeau", o sepulcro ausente, ou "a tumba que me tenta", na minha versão); e a dos cabelos da mulher amada, a proclamar a vida, os únicos que ainda retêm um pouco da luz que se extingue inexoravelmente.

"M'introduire dans ton histoire" (Introduzir-me em tua História), como o soneto anterior, da fase madura de Mallarmé, publicado na revista La Vogue, em 1886, abstratiza a peripécia biográfica das tentativas amorosas do poeta, ao que parece sem maior êxito que o platônico, em relação à sua tão desejada Méry. O soneto idealiza uma vitória apoteótica desse "héros éfarouché" (herói amedrontado) que vai do avanço tímido – "s'il a du talon nu touché/ quelque gazon de térritoire" (se o tendão nu tiver tocado / algum tufo do território) – até o final ingresso triunfante do poeta, investido da imagem do sol e do seu carro, indo morrer, crepuscular, entre rubis e trovões, nos domínios da amada.

"Mes bouquins refermés sur le nome de Paphos" (Pafos – um Nome só do Fundo da Memória) apareceu em La Revue Independente (1887). Situada na ilha de Chipre, Pafos é a cidade legendária que teria sido fundada pelas Amazonas, local onde ainda hoje se veem as ruínas de um templo dedicado a Afrodite. Sob o influxo encantatório desse nome, o poeta, fechados os seus livros, se compraz em evocar uma ruína. Em meio ao frio e à tempestade de neve, a sua imaginação descobre um seio feminino, que logo se converte na imagem do seio queimado de uma amazona, revertendo à evocação inicial. Por trás dessa ausência frustradora, quem sabe, ainda uma vez, a figura inacessível de Méry.

Publicado em 1896, mas escrito em dezembro de 1887, é também a ela, agora explicitamente, que Mallarmé dedicou, como uma mensagem poética de fim de ano, o soneto Dame sans trop d'ardeur (Dama sem tanto ardor). Bela saudação lírica e erótica (para quem souber ler nas entrelinhas) desse incansável amor que persiste a redespertar, mesmo de longe, à mera memória da amiga, o seu "nativo e monótono afeto".

O último dos sonetos, "Remémoration d'amis belges" (Rememoração dos Amigos Belgas), teve sua primeira publicação na revista L'Art litteraire (Bruxelas, novembro de 1893). Foi enviado por Mallarmé ao Cercle Excelsior, da cidade de Bruges, onde ele fizera, três anos antes, uma conferência sobre Villiers de l'Isle-Adam. Da ousada sintaxe pré-cubista deste poema (que a ausência de pontuação torna ainda mais ambivalente) emerge um universo paisagístico de pluridimensões, onde o espaço e o tempo parecem convergir. Num entrecruzar de planos imagéticos, a solidez da pedra se esvanece e a imagem flutua, desdobrada ("pli selon pli", dobra após dobra) na memória, para evocar, no cenário fugidio dos canais e cisnes da cidade, o destino dos poetas, "companheiros do jamais banal" (e da jamais banal Bruges).

Testemunho de uma longa amizade, o poema "Billet à Whistler" (Bilhete a Whistler), publicado na revista inglesa The Whirlwind (O Turbilhão), em 1890, homenageia o pintor norte-americano James McNeill Whistler (1834-1903), companheiro dos impressionistas, mas personalidade distinta e única, a quem Mallarmé se afeiçoou. Nesse texto sibilino, aparentemente circunstancial, o poeta, à maneira das pré-abstrações do próprio Whistler, seus "noturnos" e "sinfonias" plásticos, nos entremostra a paisagem fugidia de uma dançarina e seu movimento inapreensível, "riso do ar" em palavras fluidas e saltos abruptos do verso.

"Prose" (Prosa) veio a ser impresso na Revue Independente em 1885. Dedicado a um ente fictício, Des Esseintes – personagem central do romance À Rebours (1884) de Huysmans, reencarnação do Usher de Poe e protótipo da saturação intelectual – este poema é talvez o mais impenetrável dos textos de Mallarmé e também uma exposição críptica de sua arte poética. A "hipérbole" da abertura constituiria uma invocação à poesia, que já não se consegue erguer da imaginação, aprisionada em "livro de ferro". O poeta se propõe realizá-la com "ciência" e "paciência" e todas as armas de que dispõe ("atlas, herbários e rituais"). Certa "irmã" (alma, consciência, memória, inspiração?) é a aliada do poeta na descoberta da ilha ou do país imaginários aos quais se contrapõe a "era de autoridade" (crítica, convenção, sistema). Nessa ilha crescem as grandes flores da família das "iridées" (iridáceas, que prefiro traduzir por um neologismo: "irideias"), nascidas da operação poética, que o Espírito do conflito ("l'Esprit du litige"), outra encarnação do filisteísmo acadêmico, procura desacreditar, fazendo ver ao poeta que o seu país nunca existiu. A "irmã sensata e suave" limita-se a sorrir e acaba revelando a ele as duas personificações da Beleza: "Anastase", palavra que provém do grego "anastasis" (elevação, ressurreição) e que remeteria à "hipérbole" do início, concitando ao afazer poético – a obra, o Livro; e "Pulcherie", do latim "pulcher", belo (em português temos os desusados vocábulos "pulcro", "pulquérrimo", "pulcritude", da mesma família), inscrita num sepulcro e "oculta sob a grande palma" – a Beleza ideal, eterna, inacessível aos mortais. Sublinhe-se a complexa rima-paronomásia "sepulcre ne rie/Pulcherie", que encapsula os conceitos de morte e de beleza em sua armadilha verbal. No livro *Brinde Fúnebre e Prosa*[3], Júlio Castañon Guimarães, que também traduziu o poema, sustenta que "Anastase" e "Pulcherie" devem ser traduzidos por "Anastásio" e "Pulquéria", nomes de um imperador e uma imperadora bizantinos. Embora eu não creia que se possa dar a tais referências um sentido histórico preciso e pontual, a observação me parece plausível. Modifiquei, assim, nesse passo, a minha tradução, para acomodar às novas formas aqueles nomes (que eu antes vertera por "Anastásia" e "Pulqueria"), sem renunciar às rimas leoninas do quarteto. Este sumaríssimo roteiro, costurado a partir de algumas das numerosas tentativas de decifração do poema, apenas sugere certas implicações temáticas do texto, que comporta outras leituras muito mais ricas.

O que quer, afinal, Mallarmé, com tantos enigmas? Quer, em poesia, o que querem os cientistas em suas especulações e pesquisas aparentemente inúteis. Conhecer. Conhecer-se. Romper os limites dos comportamentos e compartimentos pré-condicionados da linguagem para compreender e exprimir melhor as angústias humanas diante do enigma supremo da vida e da morte. Revitalizar a própria linguagem, dando-lhe um sentido mais puro ("Donner un sens plus pur aux mots de la tribu"). Por certo. Mallarmé é difícil. Requer esforço intelectual, estudo e aplicação inusuais dos seus leitores. Mas deixou poucos poemas e cada um deles é um território novo e desconhecido. Ignorá-los é privar-se de maravilhas do pensar e da sensibilidade. É ignorar-se um pouco. E ficar menor.

3. Rio de Janeiro: Sette Letras, 1995

r e n o u v e a u

Le printemps maladif a chassé tristement
L'hiver, saison de l'art serein, l'hiver lucide,
Et dans mon être à qui le sang morne préside
L'impuissance s'étire en un long bâillement.

Des crépuscules blancs tiédissent sous mon crâne
Qu'un cercle de fer serre ainsi qu'un vieux tombeau
Et, triste, j'erre après un rêve vague et beau,
Par les champs où la sève immense se pavane

Puis je tombe énervé de parfums d'arbres, las,
Et creusant de ma face une fosse à mon rêve,
Mordant la terre chaude où poussent les lilas,

J'attends, en m'abîmant que mon ennui s'élève...
– Cependant l'Azur rit sur la haie et l'éveil
De tant d'oiseaux en fleur gazouillant au soleil.

primavera

A primavera enferma expulsou sem clemência
O inverno lúcido, estação de arte serena,
E no meu ser, que ao sangue obscuro se condena,
Num longo bocejar se espreguiça a impotência.

Crepúsculos sem cor amornam-me a cabeça,
Velha tumba que cinge um círculo de ferro,
E, amargo, atrás de um sonho vago e belo eu erro
Pelos trigais, onde se exibe a seiva espessa.

Exausto, eu tombo enfim entre árvores e olores,
E, cavando uma fossa para o sonho, a boca
Mordendo a terra quente onde germinam flores,

Espero que o meu tédio, aos poucos, vá-se embora...
– Porém, do alto, o Azul ri sobre a revoada louca
Dos pássaros em flor que gorgeiam à aurora.

1862   stéphane mallarmé

las de l'amer repos...

Las de l'amer repos où ma paresse offense
Une gloire pour qui jadis j'ai fui l'enfance
Adorable des bois de roses sous l'azur
Naturel, et plus las sept fois du pacte dur
De creuser par veillée une fosse nouvelle
Dans le terrain avare et froid de ma cervelle,
Fossoyeur sans pitié pour la stérilité,
– Que dire à cette Aurore, ô Réves, visité
Par les roses, quand, peur de ses roses livides,
Le vaste cimetière unira les trous vides? –

Je veux délaisser l'Art vorace d'un pays
Cruel, et, souriant aux reproches vieillis
Que me font mes amis, le passé, le génie,
Et ma lampe qui sait pourtant mon agonie,
Imiter le Chinois au coeur limpide et fin
De qui l'extase pure est de peindre la fin
Sur ses tasses de neige à la lune ravie
D'une bizarre fleur qui parfume sa vie
Trasparente, la fleur qu'il a sentie, enfant,
Au filigrane bleu de l'âme se greffant.
Et, la mort telle avec le seul rêve du sage,
Serein, je vais choisir un jeune paysage
Que je peindrais encore sur les tasses, distrait.
Une ligne d'azur mince et pâle serait
Un lac, parmi le ciel de porcelaine nue,
Un clair croissant perdu par une blanche nue
Trempe sa corne calme en Ia glace des eaux,
Non loin de trois grands cils d'émeraude, roseaux.

cansado do ócio amargo . . .

Cansado do ócio amargo onde o meu tédio humilha
A glória que me fez perder outrora a trilha
De uma infância de bosques e de rosas, puro
Azul nativo e, ainda mais, do pacto duro
De cavar toda noite uma fossa imponente
No território avaro e hostil da minha mente,
Coveiro impiedoso da esterilidade,
– Que dizer a esta Aurora, ó Sonho, infinidade
De rosas, se, temor de suas rosas frias,
O vasto cemitério une as valas vazias? –

Quero deixar a Arte voraz deste país
Cruel, e sem ouvir as críticas senis
Dos meus amigos, do passado, da poesia,
Da lâmpada que sabe da minha agonia,
Imitar o chinês de alma límpida e fina
Cujo êxtase puro é pintar a ruína
Sobre taças de neve à lua subtraída
De uma bizarra flor que lhe perfuma a vida
Fluida, a flor que ele sentiu ainda criança,
E à filigrana azul do espírito se entrança.
E como a morte, único sonho do saber,
Sereno, uma paisagem cálida escolher,
Que eu pintarei, indiferente, sobre a taça.
Uma linha de azul fina e pálida traça
Um lago, sob o céu de porcelana rara,
Um crescente caído atrás da nuvem clara
Molha no vidro de água um dos cornos aduncos
Junto a três grandes cílios de esmeralda, juncos.

1864

stéphane

tristesse d'été

Le soleil, sur le sable, ô lutteuse endormie,
En l'or de tes cheveux chauffe un bain langoureux
Et, consumant l'encens sur ta joue ennemie,
Il mêle avec les pleurs un breuvage amoureux.

De ce blanc flamboiement l'immuable accalmie
T'a fait dire, attristée, ô mes baisers peureux,
"Nous ne serons jamais une seule momie
Sous l'antique désert et les palmiers heureux!"

Mais ta chevelure est une rivière tiède,
Où noyer sans frissons l'âme qui nous obsède
Et trouver ce Néant que tu ne connais pas!

Je goûterai le fard pleuré par tes paupières,
Pour voir s'il sait donner au coeur que tu frappas
L'insensibilité de l'azur et des pierres.

tristeza de verão

O sol, na areia, aquece, ó brava adormecida,
O ouro da tua coma em banho langoroso,
Queimando o seu incenso em tua face aguerrida,
E mistura aos teus prantos um filtro amoroso.

Desse branco fulgor a imóvel calmaria
Te faz dizer, dolente, ó carícias discretas,
"Jamais nós dois seremos uma múmia fria
Sob o antigo deserto e as palmeiras eretas!"

Porém os teus cabelos, rio morno, imploram
Para afogar sem medo a nossa alma triste
E encontrar esse Nada que em teu ser não medra.

Degustarei o bistre que teus cílios choram
Para ver se ele doa àquele que feriste
A insensibilidade do azul e da pedra.

1864

sur les bois oubliés...

(*Pour votre chère morte, son ami*)
2 novembre 1877

— "Sur les bois oubliés quand passe l'hiver sombre
Tu te plains, ô captif solitaire du seuil,
Que ce sépulcre à deux qui fera notre orgueil
Hélas! du manque seul des lourds bouquets s'encombre.

Sans écouter Minuit qui jeta son vain nombre,
Une veille t'exalte à ne pas fermer l'oeil
Avant que dans les bras de l'ancien fauteuil
Le suprême tison n'ait éclairé mon Ombre.

Qui veut souvent avoir la Visite ne doit
Par trop de fleurs charger la pierre que mon doigt
Soulève avec l'ennui d'une force défunte.

Âme au si clair foyer tremblante de m'asseoir,
Pour revivre il suffit qu'à tes lèvres j'emprunte
Le souffle de mon nom murmuré tout un soir."

pelos bosques do olvido...

(*Para a tua querida morta, do seu amigo*)
2 de novembro de 1887

– "Pelos bosques do olvido, onde o inverno perdura,
Deploras, solitário escravo do solar,
Que este sepulcro a dois, nossa casa futura,
Da ausência de buquês se faça consolar.

Sem ouvir Meia-noite e os números que soma,
Só cerras os teus olhos na vigília dura
Se aos braços da poltrona antiga enfim assoma
Ao supremo tição a minha Sombra escura.

Quem escolhe a Visita e conhece o segredo
De flores não carrega a pedra que o meu dedo
Soergue com o tédio de uma força extinta.

Alma que hesita, trêmula, ante o claro lar,
Para eu volver, basta que aos teus lábios eu sinta
O sopro do meu nome em morno murmurar."

a n g o i s s e

Je ne viens pas ce soir vaincre ton corps, ô bête
En qui vont les péchés d'un peuple, ni creuser
Dans tes cheveux impurs une triste tempête
Sous l'incurable ennui que verse mon baiser:

Je demande à ton lit le lourd sommeil sans songes
Planant sous les rideaux inconnus du remords,
Et que tu peux goûter après tes noirs mensonges,
Toi qui sur le néant en sais plus que les morts.

Car le Vice, rongeant ma native noblesse
M'a comme toi marqué de sa stérilité,
Mais tandis que ton sein de pierre est habité

Par un coeur que la dent d'aucun crime ne blesse,
Je fuis, pâle, défait, hanté par mon linceul,
Ayant peur de mourir lorsque je couche seul.

a n g ú s t i a

Esta noite eu não vim vencer teu corpo, harpia,
Vórtice do pecado, ou cevar no desejo
Dos teus cabelos vis um lívido lampejo,
Sob o tédio sem fim que o beijo prenuncia.

Só demando ao teu leito o sono em que te estiras,
Sob as cortinas do remorso reclinada,
E que podes gozar após tantas mentiras,
Tu que ainda sabes mais que os mortos sobre o nada.

Pois o Vício a roer minha nata nobreza
A ti e a mim marcou-nos de esterilidade,
Mas se teu seio tem tão pétrea natureza

No coração que dente algum de crime o invade,
Eu fujo em meus lençóis, hirto, sem cor, sem voz,
Com medo de morrer quando me deito a sós.

1864

victorieusement fui...

Victorieusement fui le suicide beau
Tison de gloire, sang par écume, or, tempête!
O rire si là-bas une pourpre s'appréte
A ne rendre royal que mon absent tombeau.

Quoi! de tout cet éclat pas même le lambeau
S'attarde, il est minuit, à l'ombre qui nous fête
Excepté qu'un trésor présomptueux de tête
Verse son caressé nonchaloir sans flambeau,

La tienne si toujours le délice! la tienne
Oui seule qui du ciel évanoui retienne
Un peu de puéril triomphe en t'en coiffant

Avec clarté quand sur les coussins tu la poses
Comme un casque guerrier d'impératrice enfant
Dont pour te figurer il tomberait des roses.

triunfalmente a fugir...

Triunfalmente a fugir o belo suicida,
Tição de glória, espuma em sangue, ouro, tormenta!
Oh! riso se me chama a púrpura perdida
Ao cortejo real da tumba que me tenta.

Não! de todo o fulgor nem mesmo se sustenta
Um brilho, é meia-noite e a sombra nos convida,
Salvo o tesouro audaz que uma cabeça ostenta
No mimado torpor sem lume em que é servida.

A tua, sempre, sim, delícia que me vem,
A única que do céu extinto ainda retém
No seu pentear, pueril, um pouco da triunfante

Luz, quando a pousas, só, entre as dobras sedosas,
Capacete imortal de imperatriz infante
De onde, para espelhar-te, choveriam rosas.

1885

m'introduire dans ton histoire

M'introduire dans ton histoire
C'est en héros effarouché
S'il a du talon nu touché
Quelque gazon de territoire

A des glaciers attentatoire
Je ne sais le naïf péché
Que tu n'auras pas empêché
De rire très haut sa victoire

Dis si je ne suis pas joyeux
Tonnerre et rubis aux moyeux
De voir en l'air que ce feu troue

Avec des royaumes épars
Comme mourir pourpre la roue
Du seul vespéral de mes chars.

introduzir-me em tua história

Introduzir-me em tua história
É como herói intimidado
Se o tendão nu tiver tocado
Algum tufo de território

A geleiras atentatório
Não sei que pueril pecado
Não hás de ter silenciado
De rir bem alto de vitória

Dize-me se feliz eu deixo
Trovão e rubis sobre o eixo
De ver que o fogo no ar exploda

Por entre os reinos mais bizarros
Para morrer púrpura a roda
Da única vésper de meus carros

1886

mes bouquins refermés...

Mes bouquins refermés sur le nom de Paphos,
Il m'amuse d'élire avec le seul génie
Une ruine, par mille écumes bénie
Sous l'hyacinthe, au loin, de ses jours triomphaux.

Coure le froid avec ses silences de faulx,
Je n'y hululerai pas de vide nénie
Si ce très blanc ébat au ras du sol dénie
A tout site l'honneur du paysage faux.

Ma faim qui d'aucuns fruits ici ne se régale
Trouve en leur docte manque une saveur égale:
Qu'un éclate de chair humain et parfumant!

Le pied sur quelque guivre où notre amour tisonne,
Je pense plus longtemps peut-être éperdûment
À l'autre, au sein brûlé d'une antique amazone.

pafos – um nome só. . .

Pafos – um nome só do fundo da memória,
Meus livros já fechados, longe, me fascina
Das espumas querer salvar uma ruína
Sob os jacintos de seus vãos dias de glória.

Que corra o frio com a sua foice muda.
Nenhuma nênia inócua urlará minha boca
Se vórtice tão branco ao rés do chão não muda
Todo lugar no honor de uma paisagem oca.

Minha fome que aqui fruto nenhum exalta
Encontra igual sabor em sua douta falta:
Que um só rebente em carne humana e odorante!

Pé sobre a serpe de onde o nosso amor sazona,
Um outro sobreleva o meu pensar constante:
O seio a que abrasou uma antiga amazona.

1887

s o n n e t

Dame
      sans trop d'ardeur à la fois enflammant
La rose qui cruelle ou déchirée et lasse
Même du blanc habit de pourpre le délace
Pour ouïr dans sa chair pleurer le diamant

Oui sans ces crises de rosée et gentiment
Ni brise quoique, avec, le ciel orageux passe
Jalouse d'apporter je ne sais quel espace
Au simple jour le jour très vrai du sentiment

Ne te semble-t-il pas, disons, que chaque année
Dont sur ton front renaît la grâce spontanée
Suffise selon quelque apparence et pour moi

Comme un éventail frais dans la chambre s'étonne
A raviver du peu qu'il faut ici d'émoi
Toute notre native amitié monotone.

soneto

Dama
    sem tanto ardor embora ainda flamante
A rosa que cruel ou lacerada e lassa
Se desveste do alvor que a púpura deslaça
Para em sua carne ouvir o choro do diamante

Sim sem crises de orvalho antes em doce alento
Nem brisa que o fragor do céu leve ao fracasso
Com ciúme de criar não sei bem qual espaço
No simples dia o dia real do sentimento,

Não te ocorre, talvez, que a cada ano que passa
Quando em tua fronte se alça o encanto ressurreto
Basta-me um dom qualquer natural de tua graça

Como na alcova o cintilar de um leque inquieto
A reviver do pouco de emoção que grassa
Todo o nosso nativo e monótono afeto.

1887
stéphane mallarmé

billet à whistler

Pas les rafales à propos
De rien comme occuper la rue
Sujette au noir vol de chapeaux;
Mais une danseuse apparue

Tourbillon de mousseline ou
Fureur éparses en écumes
Que soulève par son genou
Celle même dont nous vécûmes

Pour tout, hormis lui, rébattu
Spirituelle, ivre, immobile
Foudroyer avec le tutu,
Sans se faire autrement de bile

Sinon rieur que puisse l'air
De sa jupe éventer Whistler.

bilhete a whistler

Não as rajadas que dos céus
A rua ocupam para nada
Ao negro voo dos chapéus;
Mas uma dançarina alada

Tufão de musselina ou
Furor esparsos em espuma
Que ao seu joelho sublevou
Essa mesma que nos apruma

Para tudo, salvo ele, gaia,
Espiritual, ébria, imóvel
Fulminar com a sua saia,
Sem outra ânsia ou outro móvel

Que o de fazer – riso do ar –
Um tule a Whistler revoar.

1890

remémoration d'amis belges

À des heures et sans que tel souffle l'émeuve
Toute la vétusté presque couleur encens
Comme furtive d'elle et visible je sens
Que se dévêt pli selon pli la pierre veuve

Flotte ou semble par soi n'apporter une preuve
Sinon d'épandre pour baume antique le temps
Nous immémoriaux quelques-uns si contents
Sur la soudaineté de notre amitié neuve

O très chers rencontrés en le jamais banal
Bruges multipliant l'aube au défunt canal
Avec la promenade éparse de maint cygne

Quand solennellement cette cité m'apprit
Lesquels entre ses fils un autre vol désigne
A prompte irradier ainsi qu'aile l'esprit.

rememoração de amigos belgas

Em certas horas sem que a mova sopro ou chuva
Toda uma vetustez quase da cor do incenso
Como furtiva dela e visível eu penso
Que se desveste dobra a dobra a pedra viúva

Flutua como quem de si não desse prova
Mais que expandir o tempo em bálsamo distenso
Nós os imemoriais alguns sorriso intenso
Para a instantaneidade da amizade nova

Ó caros companheiros do jamais banal
Bruges multiplicando a aurora no canal
Defunto e os cisnes em dispersa trilha

Quando solenemente esta cidade calma
Mostra-me os filhos que outro voo brilha
A pronta irradiar como asa a sua alma

1893   stéphane

p r o s e

(pour des Esseintes)

Hyperbole! de ma mémoire
Triomphalement ne sais-tu
Te lever, aujourd'hui grimoire
Dans un livre de fer vêtu:

Car j'installe, par la science,
L'hymne des coeurs spirituels
En l'oeuvre de ma patience,
Atlas, herbiers et rituels.

Nous promenions notre visage
(Nous fûmes deux; je le maintiens)
Sur maints charmes de paysage,
O soeur, y comparant les tiens.

L'ère d'autorité se trouble
Lorsque, sans nul motif, on dit
De ce midi que notre double
Inconscience approfondit

Que, sol des cent iris, son site,
Ils savent s'il a bien été,
Ne porte pas de nom que cite
L'or de la trompette d'Été.

p   r   o   s   a

(*Para des Esseintes*)

Hipérbole! desta memória
Triunfalmente já não ousas
Te alçar, garatuja inglória
Que em um livro de ferro pousas:

Pois instalo, pela ciência,
O hino dos dons espirituais
Na obra de minha paciência,
Atlas, herbários e rituais.

Passeávamos o nosso olhar
(Éramos dois, eu estou certo)
Sobre os encantos do lugar,
Ó irmã, os teus ali bem perto.

A era da autoridade brada
Quando sem senso se assevera
Desse sol que a nossa dobrada
Inconsciência ainda pondera,

Que, solo de cem iris, dita
(Bem sabem se existiu) região
Não leva o nome que recita
O ouro da trompa do Verão.

1885

Oui, dans une île que l'air charge
De vue et non de visions
Toute fleur s'étalait plus large
Sans que nous en devisions.

Telles, immenses, que chacune
Ordinairement se para
D'un lucide contour, lacune,
Qui des jardins la sépara.

Gloire du long désir, Idées
Tout en moi s'exaltait de voir
La famille des iridées
Surgir à ce nouveau devoir,

Mais cette soeur sensée et tendre
Ne porta son regard plus loin
Que sourire et, comme à l'entendre
J'occupe mon antique soin.

Oh! sache l'Esprit de litige,
A cette heure où nous nous taisons,
Que de lis multiples la tige
Grandissait trop pour nos raisons

Et non comme pleure la rive,
Quand son jeu monotone ment
A vouloir que l'ampleur arrive
Parmi mon jeune étonnement

Sim, numa ilha que o ar oferta
Não às visões mas só à vista,
Toda flor cresceu mais aberta
Sem passar por nossa revista.

Tais, imensas, que cada talo
Ordinariamente comparte
Um, lacuna, lúcido halo
Que dos jardins o fez à parte.

Glória do grande anelo, Ideias
Tudo em mim se exaltou ao ver
A família das irideias
Emergir do novo dever,

Mas essa irmã sensata e suave
Não levou seu olhar adiante
De um sorriso e, na sua clave,
Retorno ao meu antigo instante.

Oh! saiba o Espírito de guerra,
Nesta hora em que nos calamos,
Dos lírios que brotou a terra
Por nossa mente em muitos ramos

E não como deplora a praia
Quando tão monótona mente
Para que a amplidão se retraia
Ante o assombro da minha mente

D'ouïr tout le ciel et la carte
Sans fin attestés sur mes pas,
Par le flot même qui s'écarte,
Que ce pays n'exista pas.

L'enfant abdique son extase
Et docte déjà par chemins
Elle dit le mot: Anastase!
Né pour d'éternels parchemins,

Avant qu'un sépulcre ne rie
Sous aucun climat, son aïeul,
De porter ce nom: Pulchérie!
Caché par le trop grand glaïeul.

Ao ouvir todo o céu e a carta
Sem fim mostrarem ao meu passo,
Pela onda mesma que se aparta,
Que esse país não teve espaço.

Do êxtase a jovem se desfaz e o
Trilhando, já douta em caminhos,
Profere a palavra : Anastásio!
Para os eternos pergaminhos,

Antes que algum sepulcro a espere a
Rir, sob céu nenhum, velho de alma,
Por ter esse nome, Pulquéria,
Oculto sob a grande palma.

16

les plus fortes

Ce serai

fixé

non

davantage ni moins

indifféremment mais ~~~~

bas de case romain

d'un filet circulaire de notes

Le Nombre

existât-il

Commençât-il et cessât-il

Le chiffrât-il

illuminât-il

LE HASARD

da geração que dissipou seus poetas

oi Roman Jakobson quem cunhou, em estudo famoso, a expressão a que alude o título: "a geração que dissipou seus poetas". Ele se referia aos poetas russos que surgiram nas primeiras décadas – uma plêiade extraordinária de talentos, que impressiona tanto pelo número quanto pelo desaparecimento trágico e prematuro. Esta é a sinopse fornecida pelo grande linguista eslavo:

Execução de Gumilióv (1886-1921), longa agonia espiritual, torturas físicas insuportáveis, morte de Blok (1880-1921), privações cruéis e morte com sofrimentos desumanos de Khlébnikov (1885-1922), suicídios premeditados de Iessiênin (1895-1925) e de Maiakóvski (1893-1930). É assim que os anos 20 do século viram morrer, com idades variando de 30 a 40 anos, os inspiradores de uma geração, e para cada um deles a consciência de um fim irremediável, com sua lentidão e sua precisão, foi intolerável.

Jakobson escrevia em 1931. A esse quadro patético poderia acrescentar mais tarde outras mortes, não menos desoladoras e terríveis, como a de Óssip Mandelstam (1891-1938), a caminho de um campo de concentração, ou a de Marina Tzvietáieva (1892-1941), suicida. Restaria considerar ainda a marginalização dos sobreviventes como Vassíli Kamiênski (1884-1961), Aleksiéi Krutchônikh (1886-1968), Anna Akhmátova (1889-1966) e Boris Pasternak (1890-1960). E a dos levados ao exílio como Ilia Zdaniévitch, ou "Iliazd" (1894-1975), um dos pioneiros da linguagem *zaúm* (transmental). Participante, em 1918, com Krutchônikh, do grupo "41°", de Tiflis (Geórgia), Iliazd era um poeta-designer que explorava genialmente a grafia do cirílico, criando, conforme suas próprias palavras, "verdadeiras partituras" fonéticas para os sonorismos da poesia *zaúm*. Sua obra mais expressiva, *Lidantiú, o Farol*, foi publicada em 1923 em Paris. Trata-se de um poema dramático polivocal em 53 "quadros tipográficos", dedicado à memória do pintor russo Mikhail Lidantiú, um companheiro do grupo "41°". Ao recebê-lo do autor escreveu-lhe Jean Cocteau (carta de janeiro de 1924): "Eis o milagre de um livro que eu não posso ler e que me dá, ao primeiro olhar, o prazer de uma leitura profunda. Não sabemos do que as estrelas são feitas. Seu livro é estrelado. Vou pegar um guia russo ou se você quiser um telescópio para o conhecer melhor"[1]. "Uma festa para os olhos", nas palavras de Gerald Janaceck[2]. Ou, segundo o autor, "o testamento de um tempo irreversivelmente desaparecido".

1. *Iliazd, Ledentu le Phare*, edição fac-símile, comentada por Régis Gayraud, Paris: Allia, 1995, p. 133.
2. *The Look of Russian Literature – Avant–garde Visual Experiments*, 1900-1930, Princeton University Press, 1984.

салавьЕдивядя
любилюбильЮтяфика
    Е блЯви
зюзЮ

запърндУхяй   шVл фv   хvбV
                     hмVц крVн
                     пvгvхV жрvфтV
                     бдVчь шvсхV

5О   *n***CV**

пиридвИжъник   фЕнь пилибЕнь бюбюбЕнь шлЯпик
                      луЕрик михнЮтик
                   плюфЯк
                                         хрЮй пярясЕк
                            бзютЮк
                   пупизЕняй тюхтЯрь
                                              клизИ
стърилЯнт
взапрндУхяя   блИсь
яелЕния 18
лиданТЮ
фхОдит

СТОП

ухлОпувант
пирядвИжъника

Ilia Zdaniévitch (Iliazd) – p. 50 de *Lidiantiú, O Farol* (1923), poema dramático em linguagem sonorista *zaúm* (transmental). Em meio a uma quantidade de neologismos, onde se vislumbra um ou outro vocábulo lexicalizado, distingue-se, ao final, em letras graúdas de diferente tipologia, a palavra *Stop*.

Aqueles que hoje falam, de forma superficial e reducionista, na "volta ao figurativismo" do último Maliévitch – um sobrevivente da mesma geração, na área da pintura (1878-1935) – parecem não se aperceber do drama e da ironia implícitos na prática do autor do *Quadrado Branco sobre Branco* (1918), que, depois de 1930 e da ascensão do realismo socialista, pinta vultos sem cara, como que de costas para o espectador, ou retratos de família, à maneira quatrocentista. Então nada significam o figurativismo desfigurado, ou as imagens rigidamente anacronizadas do criador do suprematismo, um dos profetas do não representativismo nas artes visuais? Para mim, as não caras falam. Os que sobreviveram foram descaracterizados, perderam a cara. Esses o stalinismo não fez questão de matar. Fez ainda pior. Humilhou e despersonalizou. Ou intimidou e calou.

Só a vingança lenta da poesia os resgatou e resgatará. "Façam o meu balanço *a posteriori!*"– escreveu Maiakóvski, em "Conversa sobre Poesia com o Fiscal de Rendas" – "No meio dos atuais traficantes e finórios / eu estarei – sozinho! – / devedor insolvente". "O poeta é o eterno devedor do universo / e paga em dor porcentagens de pena". Ele foi, sem dúvida, o maior porta-voz, em poesia e vida, da relação conflitual entre poética e política, ética e estética, que consumiu todos esses notáveis artistas. Se – como quer Pound – os artistas são as antenas da raça, um país que massacra e menospreza seus poetas sinaliza uma degenerescência grave no seu estágio civilizatório. Hoje não há decretos nem perseguições. Mas a luta dos poetas continua, em todo o mundo, e outras gerações estão sendo dissipadas, num contexto massificador e imbecilizante, onde os meios de comunicação tendem a nivelar tudo por baixo e a sufocar pelo descrédito ou pelo silêncio as tentativas de fugir ao vulgar e ao codificado. Por isso é sempre útil rememorar os personagens dessa prototípica tragédia cultural delineada por Jakobson.

A antologia de poesia russa de que participei como tradutor, ao lado de Haroldo de Campos, sob o crivo linguístico de Boris Schnaiderman, nosso guia seguro na selva selvagem do difícil idioma, privilegiou decididamente a obra de Khlébnikov e de Maiakóvski (ao qual dedicamos também um volume monográfico). Vale a pena saber um pouco mais da obra de outros poetas que foram representados menos significativamente naquela coletânea mas que fazem parte do elenco de grandes poetas da geração dissipada. Dentre eles, Mandelstam, Iessiênin e Tzvietáieva, serão objeto de estudos à parte. Abordaremos aqui alguns aspectos da poesia de Blok, Akhmátova e Pasternak.

O percurso do mais velho desses poetas, Aleksandr Blok, patenteia uma transição do simbolismo para o modernismo, que prevalece em sua última fase, passada a limpo pelo confronto com os cubofuturistas, e da qual resultou, como peça maior, o poema "Os Doze" (1918), por mim traduzido naquela antologia. É um caso semelhante ao da poesia de Yeats, purificada pelas práticas do imagismo e da "definição precisa" de Pound. Como a "poesia-coisa" que Rilke desenvolveu nos *Novos Poemas* (1907-1908), marco divisório em sua obra, também a poesia de Blok se adensou com o tempo em prol de uma dicção mais contida e menos melíflua, chegando por vezes a uma extrema concisão. Vejam-se estes trechos de um dos poemas do ciclo "Dança da Morte" (1912), que também integra a mesma antologia e reproduzo neste livro – duas estrofes que se iniciam e terminam com uma sequência de substantivos (aqui citados em transcrição fonética): "Nótch, úlitza, fonar, aptieka [...] / Nótch, liediá riab kanala, / Aptieka, úlitza, fonar". (Em minha tradução: "Noite. Fanal. Rua. Farmácia. [...] Noite – rugas de gelo no canal. / Farmácia. Rua. Fanal."). Os textos do ciclo anterior, os "Versos Italianos" (1909), já parecem caminhar na direção de uma sobriedade maior, por entre as fantasmagorias mortuárias que despertou em Blok a visão dos monumentos do passado – a "iconóstase soturna" das igrejas, os mosaicos bizantinos das cidades italianas do Adriático. Desse ciclo, do qual eu já publiquei a tradução do poema "Ravena" e do n. II da série "Veneza"[3], apresento agora os inéditos I e IV da série "Florença" e mais o n. III dos venezianos. Invulgarmente tétrica é a abordagem de Blok de cidades tão belas como Veneza e Florença. É comprensível o desgosto pelas primeiras intrusões do "progresso", como os automóveis, a perturbar a vetusta paisagem de Florença. Mas só a peculiar inflexão do "mundo terrível" de Blok faz entender a soturnidade desses versos em que as gôndolas lhe parecem caixões e o calor das pedras de Florença lhe desperta a visão febril de sua alma enegrecida sob um céu negro. À mesma linhagem pertence o sinistro poema "Cleópatra", que Blok escrevra, dois anos antes, em 1907, sob o impacto da visita a um museu de cera que incluia a imagem da raínha egípcia. Angelo Maria Ripellino[4] transcreve um curioso relato de Kornei Tchukóvski, que afirma ter visto nesse museu o poeta "angustiado e sombrio, junto à raínha de cera semideitada com uma pequena serpente na mão – uma serpente negra de borracha que, obedecendo a uma mola, mordia-lhe seguidamente o peito nu, para gáudio da multidão obscena". Esse tom soturno faz parte da "persona" do poeta, das perplexidades vivenciais e da obsessão pela morte que percorrem a sua obra e a sua vida. Pois não é o mesmo Blok que, prenunciando a síndrome de Iessiênin e Maiakóvski, escreve em seu diário, em 1914: "Quando é que eu estarei livre para me matar?". Seu último poema foi "Os Citas", escrito em 30 de dezembro de 1918, dois dias depois de terminar "Os Doze". Comentando-o, diz Ripellino:

> Tal como Biéli e Iessiênin, ele se aproximou do grupo dos Citas, que interpretavam a grande conturbação como catarse da humanidade e transfiguração do orbe terráqueo, como incêndio universal que teria mudado as raízes do ser. Ele também concebia a revolução em termos

3. *Linguaviagem*, São Paulo: Companhia das Letras, 1987.
4. *Aleksandr Blok/Poesie*, Milano: Studio Editoriale, 1987.

metereológicos, igualando-a a um gigantesco furacão, a uma avalanche de neve, a um irrefreável turbilhão de forças irracionais. O seu maximalismo romântico, alheio a compromissos e limites, expandia a dimensões cósmicas os acontecimentos de Outubro.

A última estrofe de "Os Citas" é um ultimato ao Ocidente:

> Pela última vez, velho mundo, detêm-te!
> Ao fraterno festim da paz, do trabalho e da vida.
> Pela última vez, ao festim florescente
> Meu bárbaro alaúde te convida.

Anna Akhmátova está entre os poetas que permaneceram na Rússia depois da intervenção férrea e feroz do stalinismo, que ela suportou, como Boris Pasternak, com resignação e muito sofrimento. Na mira de Zhdânov, foi acusada pelo comissário de Stálin para a cultura, em ato público de 1946, de praticar uma poesia aristocrática, antipopular, e humilhada com a insultuosa arenga decretual que, ao mesmo tempo que a expulsava da União dos Escritores Soviéticos, assim a definia: "Uma prostituta ou uma freira: – ou antes uma prostituta e uma freira que combinam prostituição e oração[...] A poesia de Akhmátova é extremamente distante do povo". Viveu em relativo ostracismo, às vezes sob vigilância policial, com seus livros por longo tempo proibidos de serem editados. Se não chegou a ser encarcerada pela polícia soviética, teve um filho preso, o que amargurou a sua vida por muitos anos. Sua obra não tem as ousadias, as transgressões sintáticas, a concretude sincopada dos poemas de Marina Tzvietáieva, que, de resto, a admirava, ou mesmo a estranheza e a originalidade dos versos de Mandelstam, com quem manteve profunda relação de amizade. Desenvolveu uma poesia de cunho emocional e sensitivo, porém marcada pela nobreza e pela sobriedade da dicção e por uma insubornável fidelidade à própria experiência, características que a redimem, nos melhores momentos, da abordagem convencional. Seus poemas nos desvendam nuances e peculiaridades da sensibilidade feminina com parcimônia vocabular e crescente distanciamento crítico. Traços que repontam na poesia de Akhmátova desde o seu primeiro livro, *Tarde* (1912), publicado quando tinha apenas 23 anos. Deste são dois dos poemas traduzidos, "Torci os dedos sob a manta escura" e "Eu vivo como um cuco no relógio...", ao qual eu atribui a forma de uma "intradução", que é como eu nomeio as traduções que, com liberdade criativa, dão feição icônica aos textos convertidos. O texto original, do qual extraí a minha denominada "asa" de Akhmátova, é este:

Я живу, как кукушка в часах,
Не завидую птицам в лесах.
Заведут — и кукую.
Знаешь, долю такую
Лишь врагу
Пожелать я могу.

O terceiro poema, "Cleópatra" (1940), é da fase madura e foi escrito quando o filho estava preso. Vale a pena cotejá-lo com o poema de Blok, sobre o mesmo tema, para observar as diferenças de registro, dicção e emotividade entre os dois textos. A poesia da última fase de Akhmátova projeta o intimismo de sua linguagem no discurso mais amplo dos poemas longos, de cunho dramático, tais como "Réquiem" (1935-1940) e "Poema sem Herói" (1940-1962), censurados na URSS durante a sua vida, e nos quais ela mantém a altanaria da sua linguagem e a altivez do seu rumo solitário.

Futurista por algum tempo, Boris Pasternak foi-se afastando gradualmente da linguagem experimental das vanguardas até se tornar um dos mais atormentados e esfíngicos dentre os poetas russos, talvez porque tenha sido um dos poucos que conseguiram sobreviver na URSS à margem dos padrões do realismo socialista. Em sua poesia convergem influências díspares: do simbolismo (Blok e Biéli) e do imagismo, de Rilke – um dos autores básicos na sua formação – e de Maiakóvski. Mas Pasternak, que alcançou, além disso, grande renome como tradutor de poesia, acabaria por expressar-se num estilo classicizante, adotando formas fixas, ainda que numa linguagem e numa sintaxe muito pessoais. O poeta, que viu, ao longo dos anos, morrerem soturnamente alguns dos seus mais caros e talentosos companheiros de geração, de um modo ou de outro vitimados pelo regime comunista, teve, afinal, ele próprio, a sua vida literária afetada pela mão forte do policialismo soviético, mesmo na fase do "degelo" pós-stalinista. A atribuição do prêmio Nobel, a ele concedido em 1958, pouco depois da publicação na Itália da tradução do seu romance *Doutor Jivago*, foi recebida em seu país com críticas insultuosas, acusações de traição e a expulsão da União dos Escritores. Pressionado, sob ameaça de exílio para o exterior, renunciou à láurea. Na verdade, o que estava em causa não era o prêmio em si, ainda mais quando se considera ser o Nobel, fora do âmbito do mundanismo literário, uma honraria desprestigiada pela mediocridade e pela politicagem de seus julgamentos. A questão era a da liberdade, que a URSS, a caminho da destalinização, ainda uma vez pisoteou, coagindo o escritor. Nos últimos anos, ele viveu praticamente em exílio domiciliar, na *datcha* de Pieredélkino, onde, apesar da expulsão da União dos Escritores, lhe foi permitido continuar a residir. É dele uma das mais belas reflexões sobre o tema da celebridade, à qual, de qualquer forma, chegaria, mais por conta do *affair* Nobel do que por sua própria obra poética, mal conhecida fora de seu país e cerceada dentro dele. O texto foi escrito em 1956, dois anos antes, e de algum modo se liga à história dessa dramática geração de poetas. Será talvez incompreensível a sua exortação contra a fama a um mundo como o atual que, em grande medida, parece ter perdido a sensibilidade ética e estética em favor de exibicionismos tão levianos quanto fugazes. A voz desse poema soa hoje mais solitária do que nunca, mas, mesmo *clamantis in deserto*, merece ser difundida. É a resistência ética, a alma rebelde da poesia, contra-estilo do fracasso, diante das imposições e imposturas do poder e da glória.

aleksandr
blok

cleópatra

O museu triste da rainha
Há um, dois, três anos já se abriu.
Bêbada e louca a turba ainda se apinha...
Ela espera no túmulo sombrio.

Jaz na sinistra caixa
De vidro, nem morta nem viva.
Sobre ela a multidão saliva
Palavras torpes em voz baixa.

Ela se estende preguiçosamente
No sono eterno a que se recolhera...
Lenta e suave, uma serpente
Morde o peito de cera.

Eu mesmo, fútil e perverso,
Com olheiras de anil,
Vim ver o lúgubre perfil
Na cera fria imerso.

Todos te contemplamos neste instante.
Se essa tumba não fosse uma mentira
Eu ouviria, outra vez, arrogante,
Teu lábio putrefato que suspira:

10 de dezembro de 1907

"Dai-me incenso. Esparzi-me flores.
Em eras anteriores
Fui rainha do Egito. Hoje sou só
Cera. Apodrecimento. Pó."

"Rainha! O que há em ti que me fascina?
No Egito, como escravo, eu te adorei.
Agora a sorte me destina
A ser poeta e rei.

Da tua tumba não vês que já imperas
Na Rússia como em Roma? Não vês, mais,
Que eu e César, em séculos e eras,
Ante o destino seremos iguais?"

Emudeço. Contemplo. Ela não muda.
Só o peito pulsa, quase
Respirando entre a gaze,
E ouço uma fala muda:

"Outrora eu suscitei paixões e lutas.
O que suscito agora?
Um poeta bêbado que chora
E o riso bêbado das prostitutas."

r a v e n a

Tudo o que é instante, tudo o que é traço
Sepultaste nos séculos, Ravena.
Como uma criança, no regaço
Da eternidade estás, serena.

Sob os portais romanos os escravos
Já não trazem mosaicos pelas vias.
O ouro dos muros arde
Nas basílicas lívidas e frias.

Os arcos dos sarcófagos desfazem,
Sob o beijo do orvalho, as cicatrizes.
Nos mausoléus azinhavrados jazem
Os santos monjes e as imperatrizes.

Todo o sepulcro gela e cala,
Os muros mudos, desde o umbral,
Para não acordar o olhar de Gala,
Negro, a queimar por entre a cal.

Das pegadas de sangue e dor e insídia
O rastro já se apaga e se descora,
Para que a voz gelada de Placídia
Não se recorde das paixões de outrora.

maio-junho de 1909

O longo mar retrocedeu, longínquo,
As rosas circundaram as ameias,
Para que os restos de Teodorico
Não sonhem com a vida em suas veias.

Onde eram vinhedos – ruínas.
Gentes e casas – tudo é tumba.
Sobre o bronze as letras latinas
Troam nas lajes como trompa.

Apenas, no tranquilo e atento olhar
Das moças de Ravena, mudamente,
Às vezes uma sombra de pesar
Pelo irrecuperável mar ausente.

À noite, inclinado nas colinas,
Só, pondo os séculos à prova,
Dante –perfil aquilino –
Canta para mim da Vida Nova.

do ciclo
v e n e z a

II

Pelas lagunas, frio vento.
Gôndolas – mudas tumbas.
Esta noite, jovem e doente,
Sob a coluna do leão, sucumbes.

Na torre, com uma canção de chumbo,
Os gigantes dão a hora noturna.
Na laguna lunar Marcos mergulha
Sua iconóstase soturna.

Nas sombras das galerias dos palácios,
À palidez da lua – passos.
Salomé, esgueirando-se, passeia
Minha cabeça em sangue nos seus braços.

Tudo dorme – palácios , canais, gente.
Só o passo deslizante da princesa.
Só – sobre o peito negro – uma cabeça
Contempla a treva em torno com tristeza.

26 de agosto de 1909

III

O barulho da vida já não dura.
A maré de inquietudes se quebranta.
E no veludo negro o vento canta
Minha vida futura.

Talvez despertarei noutro lugar,
Quem sabe nesta terra entristecida,
E algumas vezes hei de suspirar
Pensando em sonho nesta vida?

Mercador, padre, arrais, neto de um doge,
Quem me fará viver? Que criatura
Há de forjar com minha mãe futura
Na noite escura a vida que me foge?

Quem sabe até, ao escutar o canto
Da jovem veneziana, comovido,
O meu futuro pai por entre o encanto
Da canção já me tenha pressentido?

Quem sabe em algum século vindouro
A mim, criança, a sorte me consente
Abrir as pálpebras, tremulamente,
Junto à coluna do leão de ouro?

Mãe, o que canta este áfono instrumento?
Talvez a fantasia já te embale
E me protejas com teu santo xale
Da laguna e do vento?

Não! O que é, o que foi – tudo está vivo!
Fantasias, visões, ideias – tudo!
A onda do oceano recidivo
As despeja na noite de veludo!

do ciclo

florença

I

Morre, Florença, meu judas,
Desaparece pelo tempo e o espaço!
Na hora do amor, não quero a tua ajuda,
Na hora da morte, nego o meu abraço!

Ri, minha Bella, de ti mesma, esquece,
Perdeste a tua antiga formosura!
Do pútrido sepulcro a ruga cresce
E hoje deforma-te a figura!

Já estertoram os teus carros,
Casas disformes em desgaste.
Ao pó da Europa e seus escarros
Por que te entregaste?

Já no teu pó rangem motores.
Lá onde o monge foi queimado,
Onde Leonardo sonhou cores
E Fra Beato, o azul dourado!

Minas os Médicis em glória
Pisas os lírios dos teus lares,
Porém renegas tua história
No pó, no caos dos teus bazares!

Junho de 1909

Ao nasalar das tuas preces,
O odor mortuário dos teus templos,
A secular tristeza em que apodreces,
Some, Florença, na espiral dos tempos.

IV

As pedras queimam de calor
A febre do meu olhar.
Iris brumosos já sem cor
Parecem querer voar.

Ó tristeza incontida,
Eu te conheço de nascença!
Miro, ao céu negro de Florença,
Minha alma negra, sem saída.

do ciclo

dança da morte

Noite. Fanal. Rua. Farmácia.
Uma luz estúpida e baça.
Ainda que vivas outra vida,
Tudo é igual. Não há saída.

Morres – e tudo recomeça,
E se repete a mesma peça:
Noite – rugas de gelo no canal.
Farmácia. Rua. Fanal.

da recusa

10 de outubro de 1912

a n n a
a k h m á t o v a

torci os dedos sob a manta escura...

Torci os dedos sob a manta escura...
"Por que tão pálida?" ele indaga.
– Porque eu o fiz beber tanta amargura
Que o deixei bêbado de mágoa.

Como esquecer? Ele saiu, sem reação,
A boca retorcida, em agonia...
Desci correndo, sem tocar no corrimão,
E o encontrei no portão, quando saía.

"É tudo brincadeira, por favor,
Não parta, eu morro se você se for.
E ele, com um sorriso frio, isento,
Me disse apenas: "Não fique ao relento."

1911

cleópatra

Os palácios de Alexandria
Cobriram-se de sombras suaves.

PÚCHKIN

Ela já beijara os lábios de Antônio, sem vida,
E chorara, de joelhos, ante Augusto, vencida...
E os servos a traíram. Sob a águia de Roma
As trombetas ressoam. E o crepúsculo assoma.

E chega o último escravo de sua beleza,
Alto e solene, num sussurro, ele pondera:
"Vão te levar para ele... em triunfo... como presa..."
Mas a curva do colo de cisne não se altera.

Amanhã prenderão seus filhos. Pouco lhe resta:
Brincar com esse rapaz até perder a mente
E, de piedade, a víbora negra –último gesto–
Depôr no peito moreno com mão indiferente.

> Eu vivo como um cuco no relógio.
> Não invejo os pássaros livres.
> Se me dão corda, canto.
>
> Só aos inimigos
> Se deseja
> Tanto.

intradução: asa de akhmátova

b o r i s
p a s t e r n a k

contra a fama*

Ser famoso não é bonito.
Não nos torna mais criativos.
São dispensáveis os arquivos.
Um manuscrito é só um escrito.

O fim da arte é doar somente.
Não são os louros nem as loas.
Constrange a nós, pobres pessoas,
Estar na boca de toda a gente.

Cumpre viver sem impostura.
Viver até os últimos passos.
Aprender a amar os espaços
E a ouvir o som da voz futura.

Convém deixar brancos à beira
Não do papel, mas do destino,
E nesses vãos deixar inscritos
Capítulos da vida inteira.

Apagar-se no anonimato,
Ocultando nossa passagem
Pela vida, como à paisagem
Oculta a nuvem com recato.

*O original russo não tem título.

1956

Alguns seguirão, passo a passo,
As pegadas do teu passar,
Porém não deves separar
Teu sucesso de teu fracasso.

Não deves renunciar a um mín-
Imo pedaço do teu ser,
Só estar vivo e permanecer
Vivo, e viver até o fim.

ó s s i p
m a n d e l s t a m

a pedra de mandelstam

A poesia de Mandelstam só se tornou mais conhecida nas últimas décadas. Com Anna Akhmátova ele integrara, nos primeiros anos de sua vida literária, em 1912, o grupo dos "acmeístas" (de "acme", culminância, proveniente do grego *akmé*) conduzido por Gummilióv e Gorodétski, que pretendia reagir contra o simbolismo, postulando uma poesia de cunho objetivo. Mas Mandelstam, como Akhmátova, tinha uma personalidade singular que não se coadunava com nenhuma ortodoxia. Curiosamente, tanto o "acmeísmo", como o "imagismo" russo, que eclodiria na década seguinte, aquele enfatizando a concisão e a objetividade, este dando primazia à imagem, foram influenciados pelo imagismo poundiano. Porém, ambos os movimentos, de fato submovimentos em relação ao cubofuturismo, que hostilizavam, tiveram pouca consistência e pouca duração. Admirador de Villon e de Dante, de quem costumava recitar de cor os versos originais, Mandelstam desenvolveu uma poesia de inquietação existencial, de índole "pietrosa" – como observou François Kérel[1]. Não por acaso seu primeiro livro, publicado em 1913, se chamou *Pedra* (em transcrição do russo, *Kamen*), um título emblemático: "taciturnidade *cum* Dinglichkeit (coisicidade)" se expressam nessa "grande imagem muda" – acentua Clarence Brown em sua monografia sobre o poeta[2]. Para Brown os pontos de afinidade entre o ideário dos imagistas anglo-americanos e o dos acmeístas são mais do que evidentes, podendo resumir-se na fórmula de Basil Bunting a que Pound deu tanta proeminência no *ABC of Reading*: "Poesia (Dichten) = condensare". Isso se pode observar claramente no poema que abre o livro – também o primeiro aqui apresentado (O som surdo e seco...), um texto que se poderia sem esforço classificar de "imagista" e que ganhou também, de minha parte, a homenagem de uma "intradução". A propósito deste poema escreveu Marina Tzvietáieva:

É uma quadra dos 17 anos de Mandelstam.que tem todo o léxico e o metro do Mandelstam maduro. Autofórmula. Que coisa impressionou antes de tudo o ouvido deste lírico? Um som de maçã que cai: visão acústica da rotundidade. Que coisa há de adolescência nestes versos de adolescente? Nada. E de Mandelstam? Tudo. É sobretudo a madureza do fruto que cai. A quadra é aquele mesmo fruto cadente criado pelo poeta e do qual [...] se irradiam círculos incrivelmente amplos de associações. Algo de arredondado e tépido, arredondado e frio [...] é tudo aquilo que o poeta regala à imaginação do leitor em uma única, unicíssima estrofe! Signo característico do poeta lírico: criando essa

1. *Tristia et Autres Poémes*, Paris: Gallimard, 1975.
2. *Mandelstam*, Cambridge University, 1973.

maçã o poeta nunca a nomeou. Em um certo sentido, Mandelstam nunca mais se sentiu tocado por essa maçã[3].

Mas em Mandelstam – como se pode observar em poemas como "Silentium" (1910) e "A Concha" (1911) e em outros tantos do livro Pedra – a densidade da linguagem e a concretude imagética são postas muitas vezes a serviço de uma indagação metafísca, frequentemente referenciada ao passado cultural, com ênfase na civilização greco-latina. Alguns anos depois, Mandelstam publicaria Tristia (1922) e Poemas (1928), onde o seu estilo se consolida. Tido como contra-revolucionário pelas autoridades soviéticas, foi poupado por algum tempo graças à interferência de amigos, entre os quais Bukhárin e Pasternak. Preso em 1934, por ter escrito versos satíricos contra Stálin, sentenciado a três anos de exílio na remota Cherdyn, tenta o suicídio. É, a seguir, confinado na cidade de Vorôniej (1935-1937). Detido pela segunda vez em 1938 e condenado a 5 anos de trabalhos forçados, morreu, em data incerta, num "campo de passagem", enquanto aguardava a deportação para um dos campos de reeducação da Sibéria. Dentre os seus derradeiros poemas se destacam os versos fragmentários, repassados de amargura e tristeza, dos "Cadernos de Vorôniej", preservados pela mulher, Nadeja. Em muitos poemas da última fase Mandelstam se avizinha dos cubofuturistas, especialmente de Khlébnikov, pelos jogos verbais e pela exploração das raízes vocabulares, como se pode ver num dos textos traduzidos dos "Cadernos de Vorôniej", no qual o nome da cidade reverbera em outras palavras e acaba se decompondo em "vóron" (corvo) e "nój" (faca), para substantivar obsessivamente o desespero do poeta (dou aqui a transcrição fonética para que se perceba a textura sonora):

3. "Poeti con storia e poeti senza storia", em Il poeta e il tempo, a cura di Serena Vitale, Milano: Adelphi Edizioni, 1984.

Пусти меня, отдай меня, Воронеж, —
Уронишь ты меня иль проворонишь,
Ты выронишь меня или вернешь —
Воронеж — блажь, Воронеж — ворон, нож!

Pustí mieniá, otdái mieniá, Vorôniej, –
Urônish ti mieniá ilh provorônish, –
Ti víronish mieniá ili vierniósh –
Vorôniej – blaj, Vorôniej – vóron, nój!

(Liberta-me, libera-me, Vorôniej, –
Devolve-me ou devora-me em teu sorvo,–
Desinverna-me ou vara-me de nojo –
Voraz neve, Vorôniej – dente, corvo!)

Ou, ainda, naquela outra passagem, do poema n. 6 da série das "Oitavas",
que soa como uma enigmática adivinha quebra-línguas girando sobre o
enunciado como uma serpente que morde a própria cauda:

Он опыт из аепета пепит
И пепет изыта пьет

On ópit iz liépeta liépit
I liépet iz ópita liet.

(Seu saber vem do be-a-bá
E o be-a-bá vem do saber).

Mas o poeta jamais deixa de carregar de significado as suas infiltrações
parafuturistas nos veios da linguagem. Uma intensa dramaticidade enerva a
sua obra, ainda que contida nos poemas objetivistas de *Pedra*, especialmente
quando ela ruma para o território da ironia ou da sátira, como em alguns

dos textos selecionados por mim. Por exemplo, em "Valquírias arfam...",
cujos versos, traduzidos, têm um ar de Cesário Verde, e que lembram ain-
da algumas incursões satíricas da "poesia-coisa" do Rilke de *Novos Poemas*
("O Rei", "O Rei de Munster", "O Rei Leproso"). Ou nos mais radicais em
que denuncia e ridiculariza Stálin e que aproximam sua linguagem, por
uma vez ao menos, do jargão desataviado de poemas como o "Hino aos
Juízes" de Maiakóvski. A bravura desse epigrama fatídico, em que o poeta
chega a comparar a baratas os bigodes do ditador, é um ato quase-suicida
de protesto, que o irmana aos trágicos gestos finais dos grandes compa-
nheiros de geração, Iessiênin, Maiakóvski e Tzvietáieva, e lhe confere uma
coragem ética sem paralelo em sua geração.

Os onze primeiros poemas desta seleção pertencem ao livro *Pedra*. Os de-
mais — a sátira a Stálin, as duas oitavas (extraídas de um conjunto de doze
poemas) e os fragmentos autônomos dos "Cadernos de Vorôniej", todos da
década de 1930, só foram publicados postumamente. *Pedra* é uma palavra
que caberia bem como título de todo o grupo, até porque, na sua última
fase, Mandelstam parece retornar à concisão e à aspereza que caracterizam a
sua primeira coletânea, assim intitulada, e que, de fato, dão o tom ao *corpus*
principal da sua obra.

o som seco

O som seco e surdo desta
Fruta caindo
No murmúrio sem fim do
Oco silêncio da floresta.

e s t e   m e u   c o r p o

Este meu corpo, que alguém me deu,
Que fazer dele, tão um, tão meu?

Respirar, este quieto prazer
– Digam-me – a quem devo agradecer?

Sou jardineiro ou só flor que fana?
Não estou só na prisão humana.

Sobre as vidraças do infinito
Eis meu calor, meu sopro inscrito.

Minha marca está ali impressa,
Mesmo que não se reconheça.

Que escoe a borra desta hora,
Ela está ali – não vai embora.

1909

silentium

Ainda não é nascida,
É só canção e poesia,
E está em plena harmonia
Com tudo o que é vida.

O seio da onda arfa em paz,
Mas como um louco brilha o dia
E a espuma pálido-lilás
Jaz no azul-névoa da bacia.

Que em meus lábios pairasse
A quietude original
Como uma nota de cristal
Pura desde que nasce!

Volve à poesia e a canção,
Sê só espuma, Afrodite,
Coração, desdenha o coração
Que com a vida coabite!

1910

a concha

Talvez te seja inútil minha vida,
Noite; fora do golfo universal,
Como concha sem pérola, perdida,
Me arremessaste no teu areal.

Moves as ondas, como indiferente,
E cantas sem cessar tua melodia.
Mas hás de amar um dia, finalmente,
A mentira da concha sem valia.

Jazerás a seu lado pela areia
E pouco faltará para que a escondas
Nessa casula onde ela se encadeia
À sonora campânula das ondas,

E as paredes da frágil concha, pouco
A pouco, se encherão do eco da espuma,
Tal como a casa de um coração oco,
Cheio de vento, de chuva e de bruma...

1911

odeio o brilho frio

Odeio o brilho frio
Das estrelas iguais.
Salve, alto desvario
Das torres ogivais!

Pedra, muda-te em véu
Ou transforma-te em teia!
No peito azul do céu
A agulha aguda alteia!

O voo é minha meta.
Uma asa em mim se estira.
Mas a que alvo a seta
Do pensamento mira?

Quando a hora já se for,
Talvez eu volte a voar.
Lá, me negam o amor.
Aqui, não ouso amar.

1912

não posso tocar

Não posso tocar, no escuro,
Teu vulto vago e sombrio.
"Senhor!", por erro, murmuro,
Alheio ao que balbucio.

De mim, tal uma ave enorme,
O nome de Deus se evola.
À frente, um abismo informe,
Atrás, vazia, a gaiola.

1912

não é a lua

Não é a lua, não, é um mostrador.
Que culpa tenho se as estrelas baças
Me parecem leitosas, sem fulgor?

Batiúshkov não merece piedade.
"Que horas são?", perguntaram-lhe uma vez,
E ele só respondeu: "Eternidade."

1912

c a s s i n o

Não gosto de prazer premeditado.
O mundo, às vezes, é um borrão escuro.
Eu, meio bêbado, estou condenado
A ver as cores de um viver obscuro.

O vento brinca e às nuvens descabela.
A âncora cai no fundo do oceano.
E inanimada, como numa tela,
A alma pende sobre o abismo insano.

Mas amo estar nas dunas do cassino,
A larga vista da janela baça,
Um fio de luz na toalha que desbota,

À minha volta o mar verde-citrino,
Vinho, como uma rosa, em minha taça
E eu a seguir o voo da gaivota.

1912

valquírias arfam

Valquírias arfam. Finam violinos.
A ópera perora com seus ais.
Mármore. Escadarias. Nos umbrais,
Librés empunham os casacos finos.

Vai caindo a cortina de cetim.
Um tolo bisa do seu camarote.
Cocheiros dançam ao fogo. O chicote
Aguarda a carruagem. Eia! Fim.

lembremos roma

Lembremos Roma – a urbe sobranceira
Que o grande domo aclama com seu brilho
E os apóstolos louvam em concílio.
Arco-íris suspensos na poeira.

O Aventino ainda espera um soberano
Nas Sete Festas em vigília muda,
Mas a lua canônica não muda
O velho calendário, ano após ano.

Descendo sobre o Fórum, vasta, a lua
Cobre o mundo inferior de cinza escura.
Ah, como é gélida a minha tonsura
Católica sobre a cabeça nua.

1913

insônia. homero

Insônia. Homero. Velas rijas. Naves:
Contei a longa fila até metade.
Barcos em bando, revoada de aves
Que se elevou outrora sobre a Hélade.

Uma cunha de grous cortando os céus –
Sobre a fronte dos reis cai a espuma divina –
Para onde seguís? Não fosse por Helena,
O que seria Troia para vós, aqueus?

O mar e Homero – a tudo move o amor.
A quem ouvir? Mas Homero está quieto
E o mar escuro, declamando, com clamor,
Ruge e estertora à beira do meu leito.

1915

vivemos sem sentir
o chão nos pés

Vivemos sem sentir o chão nos pés,
A dez passos não se ouve a nossa voz.

Uma palavra a mais e o montanhez
Do Kremlin vem: chegou a nossa vez.

Seus dedos grossos são vermes obesos.
Suas palavras caem como pesos.

Baratas, seus bigodes dão risotas.
Brilham como um espelho as suas botas.

Cercado de um magote subserviente,
Brinca de gato com essa subgente.

Um mia, outro assobia, um outro geme,
Somente ele troveja e tudo treme.

Forja decretos como ferraduras:
Nos olhos! Nos quadris! Nas dentaduras!

Frui as sentenças como framboesas.
O amigo Urso abraça suas presas.*

* A tradução literal desta última linha equivale a: "O largo peito do ossétio" (cidadão de Ossétia, da Geórgia, região de origem de Stálin). Variante literal: "Um abraço de Ossétia às suas presas."

novembro de 1933

óssip

oitavas de

IV

Borboleta, ó muçulmana,
Toda talhada em mortalha,
Da vida à morte você plana
Um instante e logo se atalha.
Do albornoz saem em segredo
Antenas em ponta. Faceira
Mortalha a modo de bandeira,
Dobra essas asas – tenho medo.

VI

Diz, desenhista dos desertos,
Fabro de areias movediças,
A audácia das linhas que atiças
Supera a dos ventos abertos?
Mas o que tem comigo a ver
As dúvidas de Jeová?
Seu saber vem do be-a-bá
E o be-a-bá bebe o saber.

"cadernos de vorôniej"
dos

1

Liberta-me, libera-me, Vorôniej[1],–
Devolve-me ou devora-me em teu sorvo, –
Desinverna-me ou vara-me de nojo –
Voraz neve, Vorôniej – dente, corvo!

Vorôniej, abril de 1935

2

Como pedra do céu, na terra, um dia,
Um verso condenado caiu, sem pai, sem lar;
Inexorável, a invenção da poesia
Não pode ser mudada, e ninguém a irá julgar.

Vorôniej, 20 de janeiro de 1937

3

O que lutou contra o óxido e o bolor,
Qual prata feminina se incendeia,
E o trabalho silencioso prateia
O arado de ferro e a voz do inventor.

Vorôniej, 1937

1. Vorôniej: cidade em que Mandelstam foi confinado, entre 1934
e 1937, por ordem de Stálin.

óssip mandelstam

o

som

seco

e

surdo

desta

fruta

cain

do

no

mur

múr

io

sem

fim

do

oco

silêncio

da flor

esta

intradução: o som (mandelstam)

sierguéi
iessiênin

iessiênin
mais à esquerda que a esquerda

Os que têm de Iessiênin a ideia de um poeta conservador e bucólico – sugerida, inclusive, pelas ironias de Maiakóvski – "guitarriarcaico", ele o denomina em "A Plenos Pulmões" (na transcriação de Haroldo de Campos) – se surpreenderão com a violência blasfematória de alguns dos seus versos e com a ousadia de muitas de suas imagens, que nada ficam a dever aos atrevimentos metafóricos dos seus "rivais" futuristas. É que Iessiênin era também, à sua maneira, um rebelionário. Signo da inadequação do poeta aos padrões oficiais stalinistas, não faltam reticências censórias nas edições soviéticas de seus poemas para rasurar-lhe os "excessos" do vocabulário desabrido.

Até a sua correspondência foi varejada pela censura. Em sua documentada biografia *Isadora & Esenin*[1], Gordon McVay registra o caso de uma carta que

---

1. London: Mcmillan Press, 1980.

o poeta escreveu de Dusseldorf, em julho de 1922, que termina com versos obscenos, mutilados nas publicações da obra de Iessiênin. Consultando o original da carta na Museu Literário do Estado de Moscou, McVay reconstituiu o texto, com o seguinte comentário:

Nesta cópia, as palavras finais têm bizarras implicações freudianas. Tais como publicadas nas recentes edições soviéticas em cinco volumes da obra do poeta, estas linhas parecem destituidas de significado:

Um post-scriptum gogoliano:

Sem data ou mês,
Se ele (ou eu, ou você) for bastante grande
O melhor seria a gente se enforcar.

A versão do Museu Literário do Estado revela o que Iessiênin realmente escreveu nos últimos versos: "Se o pau da gente fosse bastante grande / O melhor seria a gente se enforcar nele" (Iesli b bil khui bolshói / To lutshe b na khuiu povessítsia).

Ou numa tentativa de versão literária:

Sem data e sem local.
Se o meu pau fosse um pouco mais comprido
Melhor era enforcar-me no meu pau.

Assinale-se que a intervenção censória, no caso, implicou não só na supressão de palavras (khui, na khuiu), mas na introdução de uma (bílo, pretérito do verbo bit ,"ser") inexistente no original, patenteando-se assim verdadeira adulteração do original, ad usum stalini , para não ferir os pundonorosos ouvidos da coletividade submetida à proteção do ditador.

Mas não é só por aí que ele se revela um rebelde, nem pelo lado mais sensacionalista de sua biografia, o do boêmio incorrigível, protagonista de escândalos memoráveis como o que se passou em 1923, em Paris: possivelmente embriagado, num acesso de fúria, destruíu os móveis do apartamento do Hotel Crillon onde se hospedavam ele e Isadora Duncan (com quem viveu um breve e turbulento matrimônio); ou pelo seu suicídio surpreendente e espetaculoso, em 1925, no Hotel Inglaterra, em São Petersburgo: enforcou-se depos de ter cortado os pulsos e escrito com o póprio sangue o poema de despedida:

> Até logo, até logo, companheiro,
> Guardo-te no meu peito e te asseguro:
> O nosso afastamento passageiro
> É sinal de um encontro no futuro.

> Adeus, amigo, sem mãos nem palavras.
> Não faças um sobrolho pensativo.
> Se morrer nesta vida não é novo,
> Tampouco há novidade em estar vivo.

Em 1917 Iessiênin esteve ligado a uma das correntes pós-revolucionárias da vanguarda russa, o "imagismo". Apesar de frágil nas suas pretensões de superar o futurismo, o grupo dos imagistas russos (Cherchenévitch, Iuniev, Marienhof e o próprio Iessiênin) notabilizou-se pela invenção imagética, meta primordial de poetas que proclamavam "como a única lei da arte, o único e incompararável método, a revelação da vida através da imagem e da rítmica da imagem". Por essa época Iessiênin publicou uma série de poemas longos que constituem a sua "leitura" peculiar da revolução russa. Entre eles, o ciclo de poemas Inonia (1918), de que traduzi os versos iniciais. "Inonia" (neologismo derivado de "inoi", outro, significando "Outridade", "Outrância", ou quem sabe "Outracidade") é o nome com que o poeta batizou o seu país imaginário, a sua Pasárgada, o receptáculo do que ele pretendia fosse uma nova utopia mística, não cristã, onde se projetavam referências bíblicas, combinadas com mitos eslavos, numa exaltação apocalíptica. Um texto ao mesmo tempo hiperbólico e cifrado, que respondia à Revolução de Outubro com a alegoria de um delirante paraíso terreal. Serena Vitale acentua que *Inonia* foi escrito no período mais imagista de Iessiênin:

> Aqui, abandonando o artifício da comparação, Iessiênin privilegia tropos densos de figuratividade metafórica que, por asim dizer, comprimem numa palavra ou numa imagem singular, excluindo o trâmite do "como", dois planos expressivos fundamentais, um haurido numa realidade doméstico-campônio-cristã e outro referido a uma imagética místico-cosmogônico-pagã[2].

A estudiosa italiana vê os chamados "poemas revolucionários" de Iessiênin, entre quais se inclui *Inonia*, como "uma fragorosa, barbárica *sacre du printemps*".

Sem que se requeira do leitor qualquer empatia ou solidariedade com as incontinências verbais do poeta, parece razoável considerar os seus destemperos de "anticristo" – olhados aliás com suspicácia e relativo mal-estar pelas autoridades soviéticas –, como uma reação emocional e catártica contra as formas de autoritarismo e dogmatismo, inclusive o religioso, que formaram o caldo de cultura da revolução socialista. Desta, aliás, ele logo se desidentificaria, afirmando-se "mais à esquerda que a esquerda". É nesse

---

2. *Per conoscere l´Avanguardia Russa*, Milano: Mondadorë, 1978.

contexto que os gritos lancinantes de Iessiênin, como que a preludiar o seu trágico fim, patenteando a sua orgânica revolta contra os sistemas de autoridade, devem ser compreendidos. Afora isso, há a beleza patética dos seus versos, a situá-lo entre as maiores vozes da modernidade russa. "Você, com todo esse talento para o impossível", como escreveu Maiakóvski (numa das mais belas "transcriações" de Haroldo de Campos, desta feita no poema "A Sierguéi Iessiênin" (1926), dedicado ao poeta-suicida no ano seguinte ao de sua morte. No mesmo poema, Maiakóvski responde aos últimos versos de Iessiênin com estes:

> Nesta vida
>> morrer não é difícil.
> O difícil
>> é a vida e o seu ofício.

Paradoxalmente, ele se suicidaria também, quatro anos depois.

ó t c h a r de [1]

Nuvens – como lagos,
Um ganso fulvo – a lua.
Diante do nosso olhar
A Rússia dança em fúria.

O bosque treme o seu teto,
Fervilha a fonte.
Salve, Ótchkar, ressurreto!
Salve, mujique do horizonte!

As águas azuis
São tua paz e luz.
No mundo não resta
Liberdade funesta.

Canta, clama, conclama
Os mais remotos rastros.
O arco dos astros
Não tombará do céu em chama.

Não cairá do ocaso
A redoma roxa.
Teu ombro abraço
É recife-rocha.

1. Neologismo criado por Iessiênin, derivado de "Ótchen",
pai. Segundo Serena Vitale, "o mujique-gigante universal", que
cavalga a lua, na mitologia pessoal do poeta.

junho de 1917

i n o n i a de

ao profeta Jeremias

Um ladrido de sinos sobre a Rússia:

Choram os muros do Kremlin.
Hoje, com as lanças das estrelas,
Te arrancarei do chão, terra trêmula!

Distendido até a cidade invisível
Perfurarei o lácteo véu.
Até a Deus vou beliscar a barba,
Mostrando os dentes para o céu.

E lhe direi com voz de vento,
Grudando-o pela grenha alva:
Senhor, vou te fazer diferente
Para florir meu campo de palavras.

Lamberei com a língua dos ícones
As máscaras dos mártires lívidos.
Eu lhes prometo a terra de Inonia
Onde vive a divindade dos vivos!

Maldigo o respiro de Kitej[1],
Todos os vales do seu mundo.
Quero erguer o nosso castelo
Sobre a escavação sem fundo.

Soluça e chora, Moscóvia!
Um novo Indikaplóv[2] se eleva!
Todas as rezas do teu breviário
Rasgarei com meu bico de palavras!

1. Cidade legendária que, assediada pelas hordas tártaras, teria
sido engolida pela terra.
2. Kosma Indikoplóv, mercador do século VI, que se tornou
monge em Alexandria e escreveu um tratado cosmogônico, ba-
seado na *Bíblia*.

marina
tzvietáieva

a recusa de tzvietáieva

"O dia de uma Tzvietáieva não-censurada na União Soviética, uma Tzvietáieva com direito a todos os seus amores, todas as suas ideias e toda a sua prosa e a sua poesia – esse dia ainda está oculto num futuro muito remoto". Assim se expressava, já em plena *glasnost*, o crítico Simon Karlinsky, um dos mais autorizados estudiosos da grande poeta russa, nascida em 1892, morta em 1941, na segunda biografia que sobre ela escrevera, *Marina Tsvetaeva - The Woman, her World and her Poetry*[1]. A primeira, *Marina Tsvetaeva – Her Life and Work*, fora publicada pela Universidade da Califórnia em 1966, época em que, segundo o autor, muitos aspectos da biografia de Tzvietáieva eram ainda inacessíveis ou desconhecidos. Até então

---

1. Cambridge University Press, 1986.

– ele acentua – não havia bibliografias, nem coleções de artigos críticos, nem edições minimamente completas de sua poesia.

De lá para cá muito se tem publicado sobre a obra extraordinária e sobre a vida trágica da poeta. Novas biografias, como a de Maria Razumovsky, *Marina Tsvetaieva: mythe et réalité*[2] (publicada originalmente em alemão em 1981, republicada em russo na Inglaterra em 1983 e traduzida, finalmente, para o francês, em edição revista e aumentada), uma das mais completas já divulgadas, e numerosas traduções, dentre as quais destaco, pela qualidade estética, a de vários dos seus poemas para o francês, reunidas em *Tentative de Jalousie & autres poèmes*[3] de Eve Malleret. Parece, no entanto, que, na própria Rússia, apesar da liberação cultural dos últimos anos, ainda não se deu o total resgate de sua obra preconizado por Karlinsky.

Sem esquecer a contribuição de Ana Akhmátova, que tem grandeza, mas não é tão ousada, considero Tzvietáieva a maior voz feminina da poesia russa e uma das grandes vozes da Modernidade. Seu discurso sintético, *staccato*, tem algo da poesia precursora de Emily Dickinson, que ela lembra até por certas idiossincrasias tipográficas como o uso desmesurado de travessões em lugar da pontuação rotineira (no caso, exponenciando uma característica do idioma russo). Porém, sua linguagem abrupta, passional, às vezes escancaradamente erótica, atravessada por choques sonoros e granadas paronomásticas, a distingue logo, avizinhando-a das violências verbais de Maiakóvski, que ela admirava e defendia e sobre o qual escreveu diversos textos poéticos e críticos sem se importar com o desdém com que era retribuída pelo poeta, implacavelmente intolerante para com os "inimigos da Revolução". A "dicção telegráfica", o "estilo elíptico", que por vezes atinge a "uma espécie de textura verbal cubista", conforme as expressões de Karlinsky, envolvem a poesia de Tzvietáieva nas práticas radi-

2. Montricher: Les Editions Noir sur Blanc, 1988.

3. Paris: Editions La Découverte,1986.

cais dos cubofuturistas, ainda que ela não tenha participado dos grupos de vanguarda ligados a esse e outros movimentos.

Mas se Tzvietáieva não agradava à maioria dos escritores sintonizados com a Revolução de Outubro – apesar da admiração de gente como Pasternak, Biéli, Ehrenburg –, tampouco era palatável aos seus opositores, os numerosos exilados que, como ela, abandonaram a Rússia comunista na década de 1920. Uma das tragédias da vida e da obra de Tzvietáieva é o isolamento, a marginalização a que o seu temperamento indomável, absolutamente autônomo e inconvencional, a levou. Numa carta de 1929, de Bruxelas, aludindo a "Perekop", poema narrativo sobre a guerra civil, em que glorifica o Exército Branco, escreve: "Ninguém o quer. Para os de direita, é muito esquerdista pela forma. Para os esquerdistas, muito de direita pelo conteúdo".

Se ela, de fato, induzida pelos excessos de sua hipersensibilidade transtornada pelas barbaridades da guerra, cometeu alguns poemas políticos antirrevolucionários, certamente os mais contingentes e os menos significativos de sua obra, é, por outro lado, autora dos notáveis poemas à Tchecoslováquia, manifestando sua repulsa à invasão nazista. Num deles, postulava a resistência do país ocupado pelos alemães. Eles podiam ter tomado tudo: "Porém, enquanto houver saliva / Todo o país está em armas". Noutro, expressava pateticamente a sua inconformidade ameaçando devolver o bilhete de entrada da vida ao Criador e asseverando, em versos duros e cortantes, a sua recusa: "No asilo da não-gente / Me recuso a viver".

Filha de um professor universitário, historiador de arte e fundador do Museu de Belas Artes de Moscou, foi parcialmente educada na Europa (Itália, Suíça, Alemanha) com a irmã, Anastásia, dois anos mais moça, a quem esteve sempre muito ligada. Casou-se, em 1912, aos 20 anos, com Sierguéi Efron, também muito jovem e ainda estudante. De saúde frágil, sujeito a crises periódicas de tuberculose, Efron integrou, no entanto, o

Exército Branco, tendo conseguido sair do país, com outros refugiados, em 1917, depois da vitória bolchevique. Após cinco anos de incertezas quanto ao destino do marido, que muitos supunham morto, Tzvietáieva veio reunir-se a ele, em Berlim, passando a viver nos arredores de Praga (1922--1925) e, depois, em subúrbios de Paris. Trazia consigo a filha Ariadna (Alia) e o caçula Gueórgui (a segunda filha, Irina, morrera de inanição, com 2 anos de idade, nos tempos duros e miseráveis da guerra civil). Levou sempre vida difícil, cercada de muitas privações. Embora já tivesse uma reputação literária significativa, os círculos dos emigrados russos em Paris a viam com muitas reservas e as autoridades francesas, diferentemente das tchecoslovacas, não facilitavam a sobrevivência dos exilados. Sierguéi era outro motivo de desestabilização na vida de Tzvietáieva. Eterno estudante e eterno desempregado, ausentava-se com frequência do convívio familiar. E apesar de seu amor por ele, tantas vezes proclamado, a verdade é que a passional Tzvietáieva se envolveria em mais de um complicado caso afetivo com personagens de ambos os sexos. Em certa fase Pasternak chegou a cogitar de separar-se da mulher para ir viver com Tzvietáieva, mas foi dissuadido por esta. Inesperadamente, nos últimos tempos, depois de um período de entusiasmo pela causa eurasiana, Sierguéi se convertera ao comunismo e, sem que Tzvietáieva o soubesse, servia à Tcheka (futura KGB), a temível polícia política criada por Lênin. Participou – ao que se afirma – a mando de Stálin, do assassinato de "Ludwig" Poretski, importante funcionário da polícia secreta soviética que rompera publicamente com o ditador. O crime ocorreu em setembro de 1937, perto de Lausanne, na Suíça. Efron fugiu para a Espanha e de lá foi recambiado para a Rússia. Em março desse mesmo ano, a filha, Alia, que se convertera também ao ideário comunista, já retornara a Moscou. Isolada e ostracizada na França, Tzvietáieva decide, finalmente, regressar com seu filho, então adolescente, à capital soviética, em julho de 1939. Aguardava-a uma sucessão de infelicidades a que ela não resistiu. Ignorava que a irmã já em 1937 fora presa e condenada a anos de trabalhos forçados. Em agosto de 1939, Alia é também aprisionada. Em setembro, Sierguéi Efron é detido: segundo uma versão, foi fuzilado por ordem de Béria nesse mesmo ano; segundo outra, morreu num campo de concentração em 1941. Quando da evacuação de Moscou, após a invasão da Rússia pelas tropas germânicas, Tzvietáieva, tratada como suspeita por supostas simpatias para com a Alemanha, consegue, ainda assim, obter permissão para refugiar-se com o jovem Gueórgui na pequena cidade de Ielabuga, na Tartária. Pasternak, apesar de amigo e amado, não ousara acolhê-la em sua *datcha*. Em Ielabuga, onde reside modestamente com o filho num quarto na casa de uma família de aldeões, ela requer ao Presidente da União dos Escritores Tártaros um trabalho como tradutora, sem qualquer êxito. Tenta, em vão, obter sua transferência para a vizinha cidade de Tchistopol, para onde haviam sido evacuados de Moscou e desfrutavam de melhores condições de vida os colegas que faziam parte da União dos Escritores. Entre eles estava um conhecido discípulo de Maiakóvski, o poeta Assiéiev, ao qual Tzvietáieva chega a escrever uma carta pedindo que lhe obtivesse ao menos um emprego como lavadora de pratos na cantina local. Nada consegue. Desesperada, enforca-se em 31 de agosto de 1941. A grande poeta foi sepultada em túmulo comum, local desconhecido. A irmã Anastásia, várias vezes presa, internada em campos de concentração, deportada, veio a ser reabilitada em 1958. Segundo Elaine Feinstein, biógrafa e tradutora de Tzvietáieva, vivia ainda em 1989 numa casa de repouso. Alia, que perdera uma filha em consequência de maus tratos na prisão, só foi libertada em 1955, depois de 16 anos de confinamento. Morreu em 1975. Tanto ela como Anastásia deixaram importantes livros de memórias sobre Tzvietáieva e se ocuparam dedicadamente da preservação de sua obra. Quanto a Gueórgui, morreu em combate na Letônia, em 1944, aos 19 anos.

Se me demorei no resumo dos dados biográficos é porque eles constituem, por si sós, um quadro expressivo do contexto dramático e turbulento que marcou, até depois da morte, a passagem da escritora pelo mundo e que, sem dúvida, retardou sobremaneira a difusão de sua obra. A mais completa edição de sua poesia, programada para cinco volumes, começou a vir a lume em Nova York, a partir de 1980. A prosa, parcialmente editada, compreende, além de escritos autobiográficos ou ficcionais, preciosos estudos literários – como aqueles em que aborda com agudeza as diferenças de temperamento poético entre Maiakóvski e Rilke (*O Poeta e seu Tempo*, 1932) e entre Maiakóvski e Pasternak (*O Epos e a Lírica da Rússia Contemporânea*, 1932) e outros ainda em que trata das difíceis relações entre a poesia e a crítica (*Um Poeta a Propósito da Crítica*, 1926) ou em que discorre sobre a natureza da arte (*A Arte à Luz da Consciência*, 1932). Abrange, também, abundante correspondência, da qual se destaca a *ménage à trois* lítero-epistolar entre ela, Pasternak e Rilke (1926).

Ademais das pequenas composições lapidares que afloram em seus vários livros de poemas – o primeiro dos quais publicado em 1910 – a poesia de Tzvietáieva tem alguns de seus ápices nos chamados ciclos de poemas como "Insônia" (1916), "Versos a Akhmátova" (1916), "Versos a Blok" (1916--1921), "O Aluno" (1921), "Louvor de Afrodite" (1921), "A Maiakóvski" (1930), "Versos à Tchecoslováquia" (l939). Destacam-se os longos textos lírico-autobiográficos "Poema da Montanha" e "Poema do Fim" (1924), "Poema da Escada" (1926), "Poema do Ar" (1927). Os três primeiros repartidos em blocos, muitas vezes autônomos, alguns deles de poucas linhas; o último, o mais abstrato e complexo, influenciado pelo Rilke das *Elegias de Duíno*, que recebera do próprio poeta no ano anterior. Poesia mais discursiva, mas de alta qualidade. Riqueza de invenção rítmica, uso substantivo, celular, da palavra, realçando os choques paronomásticos intervocabulares e as arestas dos versos retalhados de *enjambements*, sintaxe elíptica, quase telegráfica, enformam a maneira peculiar da poesia de Tzvietáieva, toda ela animada, no entanto, de um avassalante *pathos* existencial. Ela deixou ainda alguns dramas poéticos, como "Ariadna" e "Fedra", que merecem atenção. Também as suas traduções poéticas são apreciáveis – entre outros textos, ela verteu Baudelaire para o russo – como o demonstram as versões francesas divulgadas por Eve Malleret em *Tentative de Jalousie & autres poèmes*: traduziu Púchkin, Lérmontov e... Maiakóvski – deste, paradoxalmente, os versos engajados de "Escutem, canalhas!", que ela publicou em 1922 na revista *Objeto*, editada por Ehrenburg e Lissitski em Berlim, fazendo ressoar pela primeira vez o verbo feroz do poeta da Revolução de Outubro no idioma de Racine. Notáveis os "fragmentos de autotradução", intitulados "Le Gars" (1924), e o belíssimo poema "La Neige", que, embora publicado com a nota "1923, traduzido pelo autor", não parece tradução (o original russo não foi encontrado). Ambos os textos preservam o *staccato*, as quebras de verso, as elipses e as dissonâncias do seu idioleto. Vejam-se as duas primeiras estrofes de "A Neve":

Neige, neige,
Plus blanche que linge,
Femme lige
Du sort: blanche neige.
Sortilège!
Que suis-je et où vais-je?
Sortirai-je
Vif de cette terre

Neuve? Neige,
Plus blanche que page
Neuve neige
Plus blanche que rage
Slave...

(Neve, neve,
Mais alva que linho,
Mulher serva
Da sorte: alva neve.
Sortilégio!
Quem sou, aonde vou?
Sairei já
Vivo desta terra

Nova? Neve,
Mais alva que página
Nova neve
Mais alva que raiva
Eslava...)

Alguns versos de "Les Gars", são ainda mais sucintos:

Mon débit.
Ton dû.
Sitôt dit.
Fondu.
....
Nul bruit – tout dort:
Cour, four, coeur, corps.
Dors, dard! Dors, fleur!

(O que te

Devo, dí

Vida

Dividida

De vida

....

Sem som – só sono.

Lar, amor, cor, corpo!

Dorme, dardo! Dorme, flor!)

Quem, senão ela própria, traduziria melhor a sua linguagem e o seu artesanato?

Em suma, é uma produção extensa e intensa, cuja variedade e proporção causam espanto diante das vicissitudes da existência da poeta e do bloqueio, por décadas, da difusão de sua obra.

Durante todo o período stalinista Tzvietáieva foi sistematicamente boicotada. A tal ponto que, em 1926, Pasternak teve que se retratar, de público, pelo simples fato de lhe ter feito uma dedicatória (da maneira a mais camuflada possível, sob a forma de um acróstico às avessas) na parte introdutória do poema "Tenente Schmidt" (sobre a Revolução de 1905), que veio a ser suprimida nas publicações ulteriores. Gorki, que se recusou a considerar um pedido de Pasternak para que apoiasse o retorno de Tzvietáieva à Rússia, em 1927, assim se expressou então: "Como Biéli, ela não domina a língua, é dominada por ela. Conhece mal o russo e o trata brutalmente, distorcendo-o de todas as maneiras. Fonética não é música, mas ela pensa que é música".

Do exílio, em 1931, premonitoriamente, escreveria a poeta: "Tudo me impele para a Rússia, aonde eu não posso ir. Aqui sou indesejada. Lá sou impossível". E em 1933: "Vim para o exterior em 1922 e o meu leitor permaneceu na Rússia, onde meus poemas não entram mais. E assim, aqui estou sem leitores; na Rússia, sem livros". Quando chegou a Paris a notícia da morte de Maiakóvski, ela se recusou a assinar uma carta aberta em que vários intelectuais russos exilados procuravam desmerecer o poeta. Ao contrário, dedicou-lhe todo um ciclo de poemas que desagradou profundamente os círculos de emigrados e, por outro lado, até 1988 não havia sido publicado na Rússia, tal o seu conteúdo explosivo. No sexto poema de tal ciclo (o ponto alto de sua poesia política, segundo Karlinski), ela imagina um encontro no Céu entre Maiakóvski e Iessiênin, no qual eles – nas palavras do crítico – terminam por concordar em "explodir o Paraíso com uma granada". Esse poema, datado de agosto de 1930, um dos menos conhecidos de Tzvietáieva, referido por ela como "Encontro de Maiakóvski e Iessiênin no Outro Mundo", só veio a ser difundido em junho de 1988, na revista Novi Mir (Novo Mundo). A minha recriação, feita a partir do texto russo, com apoio em tradução literal de Boris Schnaiderman[4], procura manter ao máximo as características da linguagem peculiar de Tzvietáieva, que confere vigor incomum ao poema, um dos seus textos mais concisos e contundentes. Em minha interpretação, o "paraíso" ao qual se destinam as granadas dos poetas, no complô imaginário de Tzvietáeieva, é, à evidência, a própria URSS. Triálogo de suicidas, patético ideograma da poesia russa, da "geração que dissipou seus poetas". Iessiênin se mataria em 1925, aos 30 anos. Maiakóvski, em 1930, aos 36 anos. Ela poria fim à sua vida em 1941, aos 48. Um espantoso recorde de suicidas, todos eles grandes poetas, que dá o que pensar.

Sobre a morte de Maiakóvski, o "arcanjo sólido... batizado a fumaça e a fogo", o "trovão pedregoso", o "arcanjo carreteiro", que "trocou pela pedra mais fosca / o diamante lavrado e sem jaça", conforme as palavras do

4. Também as traduções do ciclo "O Aluno" e "Silêncio, palmas!" foram elaboradas a partir de versões lineares de Boris Schnaiderman.

poema que lhe dedicou em 1921 (citado aqui na tradução de Haroldo de Campos), diria ela mais tarde, no estudo "A Arte à Luz da Consciência":

Vladímir Maiakóvski, depois de ter servido por doze anos, ininterruptamente, com fé e verdade, com alma e corpo – *Toda a minha sonora força de poeta / a entrego a ti, classe em combate!...* – terminou melhor que com uma poesia lírica – com um lírico tiro de revólver. Por doze anos sem trégua o homem Maiakóvski tinha atentado, dentro de si mesmo, contra a vida do poeta Maiakóvski; no décimo terceiro o poeta se rebelou e matou o homem. Se naquela vida há suicídio, não é ali onde o veem – e não durou só o instante de apertar o gatilho, mas doze anos de vida. Nenhum censor, nem mesmo o mais poderoso, de Púchkin fez a justiça sumária que Maiakóvski fez a si próprio. Se naquela vida há suicídio, não é um só, mas dois: e ambos não são suicídios – o primeiro é um ato heroico, o segundo – uma festa. Vitória sobre a natureza e celebração da natureza. Maiakóvski viveu como um homem e morreu como um poeta.

Censurada pela intolerância dos "comissários do povo" soviéticos, rejeitada pelos emigrados anticomunistas, não parecia haver lugar para ela em parte alguma. Seria tão diferente dos seus coirmãos suicidas, na sua rebeldia insubornável e na sua inadequação ao sistema dominante? Lênin, para quem o comissário da cultura Lunatchárski merecia a chibata "por causa do futurismo", achava que a poesia de Maiakóvski não passava de baboseira. Iessiênin costumava dizer que estava mais à esquerda que a esquerda. Sem encontrar um lugar, quer à direita quer à esquerda, Tzvietáieva recusou o mundo, como antecipara em seu poema, para ir ao encontro dos seus parceiros de inconformidade: Iessiênin, Maiakóvski. Após o degelo, a destalinização, a *glasnost*, a história novamente os reuniria no mais alto patamar da poesia russa moderna.

do ciclo

i n s ô n i a

Negra como pupila; como pupila, sol
Sugado – eu te amo, noite.

Dá-me uma voz para cantar-te, mãe-matriz
Da canção, que tens as rédeas dos quatro ventos.

Quando te invoco e te venero, sou só
Uma concha, que o oceano ainda soa.

Noite! Já vi demais a pupila dos homens!
Incinera-me, sol carbonizado – noite!

poesia

da recusa

9 de agosto de 1916

do ciclo
o   a   l   u   n   o

Pelos montes – túmidos e úmidos,
Sob o sol – potente e poento,
Com a bota – tímida e humilde –
Atrás do manto – roxo e roto.

Pelas areias – ávidas e ácidas,
Sob o sol – candente e sedento,
Com a bota – túmida e humilde –
Atrás do manto – rasto e rasto.

Pelas ondas – rábidas e rápidas,
Sob o sol – idoso e iroso,
Com a bota – úmida e humilde –
Atrás do manto – que mente e mente.

23 de abril de 1921

do ciclo

louvor de afrodite

Diante de um rio que é já outro rio
Já os deuses doam menos.
Do largo pórtico sombrio,
Voem, pombas de Vênus!

Mas eu, aqui na areia gélida,
Dia após dia me olho sem saída,
Como serpente que olha a velha pele, da
Juventude desvestida.

17 de outubro de 1921

diálogo de hamlet
com a consciência

— Ela está lá no fundo, lama
E algas... Se foi,
Para dormir lá no fundo — onde não há
Sono nem sonho.
—Mas eu a amava
Como quarenta mil irmãos
Não poderiam amá-la!
                         — Hamlet!

Está lá no fundo, na lama,
Limo!.. Uma última corola
Entre as toras aflora...
—"Mas eu a amava
Como quarenta mil..."
                        — Menos
Do que um só amante.

Lá, no fundo, na lama.
— Mas eu a amava—
         (*dúvida*)
                como quem ama??

5 de junho de 1923

a c a r t a

Assim não se esperam cartas.
Assim se espera – a carta.
Pedaço de papel
Com uma borda
De cola. Dentro – uma palavra
Apenas. Isso é tudo.

Assim não se espera o bem.
Assim se espera – o fim:
Salva de soldados,
No peito – três quartos
De chumbo. Céu vermelho.
É só. Isso é tudo.

Felicidade? E a idade?
A flor – floriu.
Quadrado do pátio:
Bocas de fuzil.

(Quadrado da carta:
Tinta, tanto!)
Para o sono da morte
Viver é bastante.

Quadrado da carta.

11 de agosto de 1923

tentativa de ciúme

Como vai você com a outra?
Fácil, não é? – Um golpe de remo! –
E de pronto a linha da costa
Se foi e você já nem se lembra

De mim, ilha flutuante
(No céu, por certo, não no mar)!
Almas! Almas! – antes amar
Como irmãs, não como amantes!

Como vai você com a mulher
Comum? Sem nada de divino?
Sem soberana, sem sequer
Um trono (você foi o assassino),

Como vai, meu bem? Tudo a gosto?
E o dia a dia – sempre igual?
Como você se arranja com o imposto
Da banalidade imortal?

"Mil sobressaltos, incertezas –
Basta! Vou arrumar um teto!"
Como vai, com quem quer que seja –
O eleito pelo meu afeto?

A comida é melhor, mais familiar?
Diga a verdade. Como vai
Você com a imitação vulgar –
Você, que subiu o Sinai?

19 de novembro de 1924

Como é viver com uma estranha?
Você a ama? Não disfarce.
O chicote de Zeus da vergonha
Nenhuma vez lhe zurze a face?

E a saúde, vai bem? Que tal
A vida – uma canção? A ferida
Da consciência imortal
Como a suporta, meu querido?

Como vai você com o adereço
De feira? A taxa é muito cara?
Como é aspirar o pó do gesso
Depois do mármor de Carrara?

(Deus talhado em barro, termina
Em pedaços!) Como é o convívio
Com a milionésima da fila
Para quem já conheceu Lilit?

As novidades de feira
Se acabaram? Farto de portentos,
Como é a vida corriqueira
Com a mulher terrena, *sem* sexto

Sentido?
              Vamos, tudo cor
De rosa? Ou não? Aí, nesse oco
Sem fundo, amor, como vai? Pior
Ou igual a mim com o outro?

à   v   i   d   a

Não colherás no meu rosto sem ruga
A cor, violenta correnteza.
És caçadora – eu não sou presa.
És a perseguição – eu sou a fuga.

Não colherás viva minha alma!
Acossado, em pleno tropel,
Arqueia o pescoço e rasga
A veia com os dentes, o corcel

Árabe.

25 de dezembro de 1924

silêncio, palmas!

Silêncio, palmas!
Cessa o teu apelo,
Sucesso!
　　　Um só palmo:
Mesa e cotovelo,

Cala-te, festa!
Coração, contém-te!
Cotovelo e testa.
Cotovelo e mente.

Juventude – rir.
Velhice – aquecer.
Que tempo pra *ser*?
Para onde ir?

Mesmo num tugúrio,
Sem um pessoa:
Torneira – murmúrio,
Cadeira – ressoa,

Boca recomenda
– Mole caramelo –
Mais uma comenda
"Pelo amor do Belo".

26 de janeiro de 1926

Se vocês soubessem,
Longe ou perto, gente,
Como esta cabeça
Me deixa doente –

Deus numa quadrilha!
A estepe é vala,
Paraíso – ilha
Onde *não* se fala.

Macho – animal,
Dono – vender!
A Deus é igual
O que me der

(Venham de vez
Dias de juros!)
Para a mudez –
Quatro muros.

nereida

Nereida! Onda!
Ela. Eu. Nós dois.
Nada além da
Onda ou náiade.

Teu nome, tumba,
Reconheço, onde for,
Na fé – o altar, no altar – a cruz.
O terceiro, no amor.

do ciclo "maiakóvski"

encontro de maiakóvski e iessiênin no outro mundo

Grãos cor de fogo eu pus
Na palma da mão,
Para ele vir num vórtice de luz
Rubro como um vulcão.

Qual chefão de partido
Com todo o seu cabido...
– Sierioja, como vai?
– Como vai, caro Vlad?

– Cansado? – Menos mal.
– Problemas? – De família.
– Tiros? – É trivial.
– Fogo? – Que maravilha!

– O que houve, de verdade?
– Um passe de magia?
...Sierioja, quem diria!
– É, quem diria, Vlad!

– Você se lembra o quanto
Com sua voz de baixo
Você me punha abaixo
E me arrasava? –Tanto

Faz... – Olha a catraia
Que é o seu barco de amor!
Por causa de uma saia?
– Por vodca é pior.

Savoia, agosto de 1930

A carantonha inchada.
E o gatilho na mira?
 Sierioja, quem diria.
– É, quem diria, Vlad.

Nem navalha nem porre.
Operação polida.
A carta foi batida?
O sangue ainda escorre.

– Coloque uma ventosa.
– Também serve colódio.
– Apliquemos, Sierioja?
– Apliquemos, Volódia.

Mas o que é que acontece
À nossa Rússia amada?
– Onde? – Na URSS
O que há de novo? – Nada.

Pais – como sempre – geram.
Sabotadores – triscam.
Editores – imperam.
Escritores – rabiscam.

Basta uma ponte nova
Que a arrastam no caudal.
É sempre igual, Sierioja!
– Volódia, é sempre igual.

E a matilha canora?
— São, você sabe, uns zeros!
Ainda nos tecem louros
Em seus festins funéreos.

Empurram. Velha Rosta
Sob a laca da crosta.
E não basta o destaque
De um só Pasternak.

Vamos tirar a prosa
Dessa papa seródia.
Mãos à obra, Sierioja?
— Mãos à obra, Volódia!

Ainda jorram-se ao solo...
— E o que há com nosso grande
Alex Aleksandr?
— E ali — de anjo! — Solo-

Gub? — Lá se vai:
No canal, arquejante.
— Gumiliov, Nicolai?
— No Oriente.

(Na lona ensanguentada
De uma carroça cheia...)
— Sempre o mesmo, Sierguéi.
— É, sempre o mesmo, Vlad.

E já que é sempre o mesmo,
Volódia, meu irmão,
De novo as mãos usemos,
Embora já nem mão

Nos reste.
       — Sim, sem nada,
Mano, vamos minar
Este reino sem czar
Com mais uma granada!

E sobre a madrugada
Por nós inaugurada —
Sierioja, uma granada!
— Uma granada, Vlad!

a b r o   a s   v e i a s

Abro as veias: irreprimível,
Irrecuperável, a vida vaza.
Ponham embaixo vasos e vasilhas!
Todas as vasilhas serão rasas,
Parcos os vasos.

Pelas bordas – *à margem* –
Para os veios negros da terra vazia,
Nutriz da vida, irrecuperável,
Irreprimível, vaza a poesia.

6 de janeiro de 1934

j a r d i m

Por este fel,
Por este mal,
Dá-me um jardim
Para o meu fim.

Para o meu fim,
Por esta dor,
Anos – labor,
Anos – suor...

Anos de cãs,
Anos de cão –
Anos-caim –
Dá-me um jardim...

Para fugir
Dá-me um jardim: –
Sem sol, sem nin-
Guém – para mim.

Jardim: sem ir.
Jardim: sem cor.
Jardim; sem rir.
Jardim: sem flor.

Dá-me um jardim:
Sem um olor,
Sem um amor,
Sem alma, enfim!

Dirás: chega de dor – é teu
Este jardim – só, como és.
(E nele não porás os pés!)
Eis teu jardim, só, como eu.

Um só jardim para o meu fim...
– Jardim? Mas qual? Talvez – um céu?
– Para o meu fim dá-me um jardim –
Ou o perdão para o réu.

c o m e r

Comer – não como.
Pão – aborreço.
Fugir – como?
Tudo é gesso.

...Tive pão,
Neve alva.
Neve vil não
Me salva.

23 de janeiro de 1940

do ciclo "versos à tchecoslováquia"

tomaram...

"Os tchecos se aproximavam dos alemães e cuspiam..."

(Cf. Jornais de março de 1939)

Tomaram logo e com espaço:
Tomaram fontes e montanhas,
Tomaram o carvão e o aço,
Nosso cristal, nossas entranhas.

Tomaram trevos e campinas,
Tomaram o Norte e o Oeste,
Tomaram mel, tomaram minas,
Tomaram o Sul e o Leste,

Tomaram Vary e Tatry,
Tomaram o perto e o distante,
Tomaram mais que o horizonte:
A luta pela terra pátria.

Tomaram balas e espingardas,
Tomaram cal e gente viva,
Porém enquanto houver saliva
Todo o país está em armas.

9 de maio de 1939

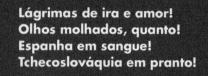

Lágrimas de ira e amor!
Olhos molhados, quanto!
Espanha em sangue!
Tchecoslováquia em pranto!

Montanha negra —
Toda a luz amputada!
É tempo — tempo — tempo
De devolver a Deus a entrada!

Eu me recuso a ser.
No asilo da não-gente
Me recuso a viver.
Com o lobo regente

Me recuso a uivar.
Com os tubarões do prado
Me recuso a nadar,
Dorso dobrado.

Ouvidos? Eu desprezo.
Meus olhos não têm uso.
Ao teu mundo sem senso
A resposta é — recuso.

de "Versos à Tchecoslováquia" (1939)

william butler
yeats

y   e   a   t   s
a   t o r r e   e   o   t e m p o

uando o jovem Ezra Pound chegou a Londres, em 1908, aos 23 anos, com 3 libras no bolso e algumas cópias de seu primeiro livro, *A Lume Spento*, publicado em Veneza numa tiragem de apenas 100 exemplares, tinha o propósito determinado de "encontrar-se com Bill Yeats". Vinte anos mais velho do que ele, o poeta irlandês William Butler Yeats (1865-1939) já era então figura de proa das letras de língua inglesa. Em breve Pound o conheceria pessoalmente e seria reconhecido pelo seu confrade como "um vulcão solitário". Pound, por sua vez, manteria inalterada a sua admiração por Yeats. "É o único homem novo cuja obra tem mais do que interesse temporário – possíveis exceções no Continente" – escrevia em 1910 à sua mãe. Um pouco adiante, num depoimento à revista *Poetry* sobre "o estado das coisas em Londres", datado de 10 de dezembro de 1912: "Acho que o Sr. Yeats é o único poeta digno de estudo sério".

E em "A Few Dont's" (Alguns Nãos), 1913: "O Sr. Yeats despiu a poesia inglesa, de uma vez por todas, de sua maldita retórica. Eliminou tudo o que é não poético – e muito do que é. Tornou-se um clássico em vida e *nel mezzo del cammin*. Ele fez do nosso idioma uma coisa maleável, uma fala sem inversões".

A amizade entre os dois grandes poetas se estreitaria por aquela época, perdurando por quase 30 anos. Entre 1913 e 1916 Pound chegou a ser uma espécie de secretário particular do "tio William". Mas fez muito mais do que isso. Atuou criticamente, discutindo a linguagem poética do seu mestre, e influindo de forma decisiva na sua evolução, como o faria também, depois, com um quase discípulo, Thomas Stearns Eliot, revisando, cortando e melhorando o grande poema "The Waste Land". Paradoxo dos paradoxos, Pound corrigiria a obra de dois prêmios Nobel, sem ganhar nenhum ele próprio. Não à toa João Cabral o lembra no poema-dedicatória do livro *Agrestes*, quando menciona "o leitor contra", "o leitor maugrado / e intolerante, o que Pound / diz de todos o mais grato". Pois foi esse jovem "leitor contra" que induziu Yeats a fugir das vaguidades e dos sestros simbolistas e rumar para uma linguagem mais objetiva e direta, segundo os preceitos que seriam a base do Imagismo poundiano: tratamento direto da "coisa", quer subjetivo ou objetivo, não usar palavras supérfluas, fugir das abstrações. "Não poetizar seu poema", diria também João Cabral. Pois Yeats afirmou certa vez a Herbert Read: "Todas as revisões que eu fiz foram no sentido de tornar meus poemas menos poéticos".

Yeats teve a inteligência e a grandeza de reconhecer, desde logo, o benefício da crítica de Pound: "Ele me ajuda a retornar ao definido e ao concreto, para longe das abstrações modernas" – escreveria em carta à amiga e protetora, Lady Gregory, em janeiro de 1913: "Nós nos rebelamos contra a retórica, e agora há um grupo de poetas mais jovens que ousa chamar-nos de retóricos. Ao regressar a Londres, vindo da Irlanda, fiz um jovem poeta repassar toda a minha obra comigo para eliminar o abstrato. Este era um poeta americano, Ezra Pound"– proclamaria, publicamente, numa conferência de 1914. Quando, dois anos antes, o impetuoso antileitor atreveu-se a suprimir algumas palavras dos textos que Yeats enviara, por seu intermédio, à revista Poetry, o "tio William" aborreceu-se, mas não rompeu com ele. Discordou, concordou, e acabou até reformulando inteiramente um dos poemas. Sabia do seu próprio valor e, na verdade, nem tinha ainda escrito as suas melhores obras, os poemas do "último Yeats", com os quais reciclaria toda a sua obra – o Yeats pós-Pound. A primeira poesia de Yeats se apresenta recarregada de elementos decorativos e de alusões à mitologia céltica, expressando-se em termos cultos, no jargão sublimado ou "sermo nobilis" dos poetas de linha esteticista do fim do século XIX. O salto para o século XX (análogo ao do "último Blok", o Aleksandr Blok de "Os Doze", influenciado pelos cubofuturistas russos), Yeats o daria pelas mãos de Pound. Começaria a se evidenciar na linguagem mais coloquial, concisa e precisa, dos poemas que publicou a partir do seu quinto livro, The Green Helmet and other Poems (1910), onde, segundo Pound, sua obra se torna mais enxuta, buscando maior firmeza de contornos, e onde já encontramos textos de ruptura, ao mesmo tempo tersos e soltos, como "The Fascination of what's Difficult" e "No Second Troy" (que Pound distingue especialmente). Tomaria impulso no volume seguinte, Responsibilities (1914), e atingiria o seu ápice em The Tower (1928), que se abre com o admirável "Sailing to Byzantium" e inclui textos notáveis como "Nineteen Hundred and Nineteen", "Meditations in Time of Civil War", "Leda and the Swan", "Among School Children", "All Soul's Night" e o próprio poema "The Tower". Uma nova coletânea, The Winding Stair and other Poems (1933), acrescentaria a tais peças algumas preciosidades como "Byzantium", a mais famosa delas, na segunda visita de Yeats ao tema, "Her Dream", uma joia precisa como um texto de Emily

Dickinson, "A Dialogue of Self and Soul", "Blood and the Moon", "Oil and Blood". Textos como "The Gyres" e "Lapis Lazuli" sustentariam essa alta voltagem poética na última coletânea de sua lírica, enfeixada na edição póstuma dos *Last Poems* (1936-1939). Mais próximo de Yeats do que o próprio Pound, por compartilhar com o poeta irlandês as influências simbolistas, Wallace Stevens palmilharia caminho inverso, do concreto ao abstrato. Yeats, no entanto, parece ter combinado com maior equilíbrio as duas vertentes, atingindo, em seus últimos poemas, um nível de excelência raramente alcançado pelos poetas de sua geração e posicionando-se, ao lado de Rilke, Blok e Valéry, como um grande clássico moderno, a preceder a geração exploratória e rebelde dos propriamente modernistas, Schwitters, Khlébnikov, Maiakóvski, Pound, Eliot (o de "Waste Land"), Apollinaire.

O poema "A Torre" identifica exatamente essa fusão de concreto e abstrato, já no plano da imagem-tema, pois a torre do poema é tanto alegórica quanto real, de fato o próprio local em que ele redigiu o seu texto. Em 1917, pouco antes de casar-se, Yeats adquiriu a velha torre normanda (Thor Ballylee) da aldeia de Ballylee, próxima da cidade de Gort e de Park Coole, a mansão de Lady Gregory, no condado de Galway. Reformou-a e passou a usá-la como residência de verão, de 1919 a 1929. Muitos dos seus poemas da última fase foram ali criados. "Agrada-me pensar neste edifício como no símbolo permanente da minha obra, facilmente visível por quem quer que passe a alguma distância", escrevia Yeats a Thomas Sturge Moore. As alusões do poema estão todas referenciadas ao local. Conforme as notas do próprio Yeats:

> as pessoas mencionadas se associam pela lenda, história e tradição à região de Thoor Ballylee ou do Castelo de Ballylee, onde o poema foi escrito. Mrs. French viveu em Peterswell no século XVIII e era aparentada a Sir Jonah Barrington, que descreveu o episódio das orelhas e o problema

que dele decorreu. A beldade do campo e o poeta cego são Mary Hines e Raftery, e o episódio do homem afogado no pântano de Cloone é narrado no meu livro *Celtic Twilight* [Crepúsculo Céltico]. A perseguição de Hanrahan à lebre e aos sabujos fantasmas foi tirada das minhas *Stories of Red Hanrahaan*. Os espectros foram vistos jogando os dados naquele que é agora o meu quarto de dormir e o velho falido viveu há cerca de 100 anos. Segundo uma lenda, ele só pedia deixar o Castelo aos domingos, por causa dos credores, e, segundo outra, se escondia na passagem secreta.

Ben Bulben é uma montanha, ao norte da cidade de Sligo, onde Yeats passava temporadas na infância. Burke e Grattan são personagens reais, que aqui comparecem como "doadores", exemplares protagonistas da história irlandesa: Edmund Burke (1729-1797), autor de ensaios políticos e filosóficos; Henry Gratan (1746-1820), figura de relevo na luta pela emancipação de seu país. Mesmo as referências aos fatos históricos ou lendários resultam em imagens diretas e grotescas, como a do afogado por engano na lama, ou a das orelhas em bandeja, que relembra inelutavelmente a passagem do Canto 4 de Pound, em que o coração do trovador Cabestan é dado a comer à sua amante pelo marido: "O coração de Cabestan no prato? / Nada mudará este gosto".

Em "A Torre" Yeats aborda um tema que se tornou muito caro a ele nos últimos tempos (focaliza-o, também, em diversa pauta, nos poemas de Bizâncio e em "Among School Children", entre outros textos): o da velhice e o da decadência, na morosa expectativa da morte. O tema é tratado aqui de maneira ainda mais explícita e realista, e trazido das paragens da alusão e da metáfora para o duro chão da vida, constituindo uma espécie de testamento do poeta. Dividido em três partes, o poema tem uma introdução, em que Yeats expõe o seu inconformismo com a degenerescência da idade; a seguir, numa série de estrofes de oito linhas, evoca os fantasmas da Torre para inquiri-los sobre as perplexidades que o atormentam; no terceiro segmento, feito de ritmos breves e sincopados, rememora o vigor da juventude, alegorizado pela evocação da pesca aventurosa nas escarpas de Ben Bulben, e, por fim, expõe o seu credo e transmite o seu legado aos moços, enquanto alguns derradeiros indícios de vida – nuvens, um canto de ave – se perdem nas sombras do ocaso.

No livro *Linguaviagem*[1] inseri as traduções que fiz dos poemas "The Fascination of What's Difficult", "Her Dream", "Bizantium" e "Sailing to Bizantium", e em *Coisas e Anjos de Rilke*[2], em apêndice, a versão de "Leda and the Swan", buscando propiciar um cotejo com o poema "Leda", de Rilke. Reúnem-se todas aqui, acrescidas das traduções de "The Tower" e de "No Second Troy". Este poema funde a evocação de Maud Gonne, a revolucionária irlandesa que foi a grande paixão não correspondida de Yeats, com a de Helena de Troia, numa síntese perfeita, de contida mas intensa emocionalidade. A ela também parece aludir a estrofe final da segunda seção de "A Torre", que começa: "Acaso a fantasia é compelida / À mulher ganha ou à mulher perdida?".

As novas versões constituem, como as outras, uma tentativa de recriação, tendo por meta fazer do texto-origem um poema palatável em português. Não se trata, pois, de tradução literal. Basta comparar os últimos versos da primeira estrofe de "A Torre", na minha recriação, com a versão de Péricles Eugênio da Silva Ramos (um conhecedor e um estudioso competente, porém mais apegado à literalidade do que à beleza das soluções) para verificar o quanto nos distanciamos na prática tradutória. Péricles: "Devo pedir à Musa que se vá, eu penso,/ E por amigos ter Platão e ter Plotino, apenas,/ Até a imaginação, olhar e ouvido/ Poderem contentar-se só com o raciocínio e se ocupar/ De abstrações; ou ser cada um escarnecido/Por uma

1. São Paulo: Companhia das Letras, 1987.
2. São Paulo: Perspectiva, 2001.

espécie de chaleira, já ruim, no calcanhar." A tradução completa de Péricles está no volume *Poemas de W. B. Yeats*[3].

Escrevendo à sua amiga Olivia Shakespear em 1928, após a publicação de *A Torre*, dizia Yeats, já senador e prêmio Nobel, que a coletânea era de longe o seu maior sucesso literário, com duas mil cópias vendidas no primeiro mês. Mas afirmava também que, ao reler os seus versos, espantara-se com a sua amargura. "No entanto – concluia – foi essa amargura que deu ao livro a sua força e ele é a melhor coisa que jamais escrevi. Talvez, se eu me sentisse melhor, ficaria contente de ser um homem 'amargo'".

Só a poesia seria capaz de tratar ao mesmo tempo com tanta incomplacência, ironia e crueza, e com tanta essencialidade, o tema do envelhecimento, associado à morte e à preparação para a morte, até porque o esmiuçamento das angústias, memórias e premonições que o cercam não diverte ninguém, antes incita à reflexão e à autoconsciência. A maioria das pessoas ("mostpeople", diria Cummings) quer o consolo do entretenimento, arte fácil e descartável para descansar a cabeça, "esquecer da vida", e não para problematizar-se. Mas já que a poesia insiste em não preencher esses requisitos e, portanto, não tem público e não tem valor de mercado, pode, ao menos, correr o risco de parecer desagradável, produzindo o belo através do difícil e do inominável. Aí reside a sua força. Mais do que a Torre de Ballylee, "A Torre" de Yeats projeta-se no tempo e resiste a ele, expondo a sua e a nossa ruína.

3. São Paulo: Art Editora, 1987.

the fascination of what's difficult

The fascination of what's difficult
Has dried the sap out of my veins, and rent
Spontaneous joy and natural content
Out of my heart. There's something ails our colt
That must, as if it had not holy blood
Nor on Olympus leaped from cloud to cloud,
Shiver under the lash, strain, sweat and jolt
As though it dragged road metal. My curse on plays
That have to be set up in fifty ways,
On the day's war with every knave and dolt.
Theater business. management of men.
I swear before the dawn comes round again
I'll find the stable and pull out the bolt.

o prazer do difícil

O prazer do difícil tem secado
A seiva em minhas veias. A alegria
Espontânea se foi. O fogo esfria
No coração. Algo mantém cerceado
Meu potro, como se o divino passo
Já não lembrasse o Olimpo, a asa, o espaço,
Sob o chicote, trêmulo, prostrado,
E carregasse pedras. Diabos levem
As peças de sucesso que se escrevem
Com cinquenta montagens e cenários,
O mundo de patifes e de otários
E a guerra cotidiana com seu gado,
Afazer de teatro, afã de gente.
Juro que antes que a aurora se apresente
Eu descubro a cancela e abro o cadeado.

1910   william butler yeats

no second troy

Why should I blame her that she filled my days
With misery, or that she would of late
Have taught to ignorant men most violent ways,
Or hurled the little streets upon the great,
Had they but courage equal to desire?
What could have made her peaceful with a mind
That nobleness made simple as a fire,
With beauty like a tightened bow, a kind
That is not natural in an age like this,
Being high and solitary and most stern?
Why, what could she have done, being what she is?
Was there another Troy for her to burn?

nenhuma troia a mais

Por que culpá-la se ela encheu meus dias
De mágoa, ou se incitou às tropelias
Os ignorantes e jogou com vidas,
Pondo as vielas contra as avenidas,
Quando eles tinham ousadia e flama?
Como fugir a essa pulsão funesta
Que a nobreza fez simples como a chama?
Beleza como um arco tenso, raça
Estranha a uma era como esta,
E cruel, de tão alta e singular?
Que poderia ela contra a graça?
Que Troia a mais teria que incendiar?

leda and the swan

A sudden blow: the great wings beating still
Above the staggering girl, her thighs caressed
By the dark webs, her nape caught in his bill,
He holds her helpless breast upon his breast.

How can those terrified vague fingers push
The feathered glory from her loosening thighs?
And how can body, laid in that white rush,
But feel the strange heart beating where it lies?

A shudder in the loins engenders there
The broken wall, the burning roof and tower
And Agamemnon dead.
                              Being so caught up,

So mastered by the brute blood of the air,
Did she put on his knowledge with his power
Before the indifferent beak could let her drop?

leda e o cisne

Um baque surdo. A asa enorme ainda se abate
Sobre a moça que treme. Em suas coxas o peso
Da palma escura acariciante. O bico preso
À nuca, contra o peito o peito se debate.

Como podem os pobres dedos sem vigor
Negar à glória e à pluma as coxas que se vão
Abrindo e como, entregue a tão branco furor,
Não sentir o pulsar do estranho coração?

Um frêmito nos rins haverá de engendrar
Os muros em ruína, a torre, o teto a arder
E Agamemnon, morrendo.
                                        Ela tão sem defesa,

Violentada pelo bruto sangue do ar,
Se impregnaria de tal força e tal saber
Antes que o bico inerte abandonasse a presa?

1923

sailing to byzantium

I

That is no country for old men. The young
In one another's arms, birds in the trees,
– Those dying generations – at their song,
The salmon-falls, the mackerel-crowded seas,
Fish, flesh, or fowl, commend all summer long
Whatever is begotten, born, and dies.
Caught in that sensual music all neglect
Monuments of unageing intellect.

II

An aged man is but a paltry thing.
A tattered coat upon a stick, unless
Soul clap its hands and sing, and louder sing
For every tatter in its mortal dress,
Nor is there singing school but studying
Monuments of its own magnificence;
And therefore I have sailed the seas and come
To the holy city of Byzantium.

navegando para bizâncio

I

Aquela não é terra para velhos. Gente
Jovem, de braços dados, pássaros nas ramas
– Gerações de mortais – cantando alegremente,
Salmão no salto, atum no mar, brilho de escamas,
Peixe, ave ou carne glorificam ao sol quente
Tudo o que nasce e morre, sêmen ou semente.
Ao som da música sensual, o mundo esquece
As obras do intelecto que nunca envelhece.

II

Um homem velho é apenas uma ninharia,
Trapos numa bengala à espera do final,
A menos que a alma aplauda, cante e ainda ria
Sobre os farrapos do seu hábito mortal;
Nem há escola de canto, ali, que não estude
Monumentos de sua própria magnitude.
Por isso eu vim, vencendo as ondas e a distância,
Em busca da cidade santa de Bizâncio.

1927

III

O sages standing in God's holy fire
As in that golden mosaic of a wall,
Come from the holy fire, perne in a gyre
And be the singing-masters of my soul.
Consume my heart away; sick with desire
And fastened to a dying animal
It knows not what it is; and gather me
Into the artifice of eternity.

IV

Once out of nature I shall never take
My bodily form from any natural thing,
But such a form as Grecian goldsmiths make
Of hammered gold and gold enamelling
To keep a drowsy Emperor awake;
Or set upon a golden bough to sing
To lord and ladies of Byzantium
Of what is past, or passing, or to come.

III

Ó sábios, junto a Deus, sob o fogo sagrado,
Como se num mosaico de ouro a resplender,
Venham do fogo santo, em giro espiralado,
E tornem-se mestres-cantores do meu ser.
Rompam meu coração que a febre faz doente
E, acorrentado a um mísero animal morrente,
Já não sabe o que é; arranquem-me da idade
Para o lavor sem fim da longa eternidade.

IV

Livre da natureza não hei de assumir
Conformação de coisa alguma natural,
Mas a que o ourives grego soube urdir
De ouro forjado e esmalte de ouro em tramas
Para acordar do ócio o sono imperial;
Ou cantarei aos nobres de Bizâncio e às damas,
Pousado em ramo de ouro, como um pássa-
Ro, o que passou e passará e sempre passa.

b y z a n t i u m

The unpurged images of day recede;
The Emperor's drunken soldiery are abed;
Night resonance recedes, night-walkers' song
After great cathedral gong;
A starlit or a moonlit dome disdains
All that man is,
All mere complexities,
The fury and the mire of human veins.

Before me floats an image, man or shade,
Shade more than man, more image than a shade;
For Hades' bobbin bound in mummy-cloth
May unwind the winding path;
A mouth that has no moisture and no breath
Breathless mouths may summon;
I hail the superhuman;
I call it death-in-life and life-in-death.

Miracle, bird or golden handiwork,
More miracle than bird or handiwork,
Planted on the star-lit golden bough,
Can like the cocks of Hades crow,
Or, by the moon embittered, scorn aloud
In glory of changeless metal
Common bird or petal
And all complexities of mire or blood.

b i z â n c i o

As imagens febris do dia se desfazem;
Os guardas imperiais, bêbados, jazem;
Noite sem som, sombras noctívagas se alongam
Da catedral e do seu gongo;
À luz de estrela ou lua um domo desmerece
Tudo o que é humanidade,
Mera complexidade
As veias, fúria e lama, em toda humana espécie.

Diante de mim a imagem, homem ou fantasma,
Mais sombra que homem, mais imagem que fantasma:
Pois a bobina de Hades, múmia desatada,
Solta as curvas da estrada;
Boca sem hausto, boca ressequida,
Chama bocas sem som;
Eu louvo o sobre-humano;
Eu o nomeio vida-em-morte ou morte-em-vida.

Milagre, artesanato de ouro ou ave,
Mais milagre que artesanato ou ave,
Plantado em ramo de ouro halo-estrelado,
Canta alto, como os galos de Hades,
Ou pela luz amargurado infama,
Em metal esplendor,
Ave comum ou flor,
Complexidades naturais de sangue e lama.

At midnight on the Emperor's pavement flit
Flames that no faggot feeds, nor steel has lit,
Nor storm disturbs, flames begotten of flame,
Where blood-begotten spirits come
And all complexities of fury leave,
Dying into a dance,
An agony of trance,
An agony of flame that cannot singe a sleeve.

Astraddle on the dolphin's mire and blood,
Spirit after spirit! The smithies break the flood,
The golden smithies of the Emperor!
Marbles of the dancing floor
Break bitter furies of complexity,
Those images that yet
Fresh images beget,
That dolphin-torn, that gong-tormented sea.

À meia-noite o chão do Imperador se inflama.
Chamas que ninguém viu nascer, flamas sem chama
Que a água não calma, chamas que se chamam,
Às sangue-natas almas clamam.
Da fúria e da complexidade elas se alteiam
E morrem dessa dança,
Nesse transe em que as lança
A agonia das chamas que nunca incendeiam.

No dorso de um golfinho em sangue e lama,
Alma após alma! Irrompem na onda em flama,
Forjas do Imperador – o seu tesouro!
Mármores dançam no chão de ouro
E às fúrias da complexidade vêm domar,
Essas imagens que eram,
E outras imagens geram,
Golfinho-roto, gongo-amargurado mar.

h e r   d r e a m

I dreamed as in my bed I lay,
All night's fathomless wisdom come,
That I had shorn my locks away
And laid them on Love's lettered tomb:
But something bore them out of sight
In a great tumult of the air,
And after nailed upon the night
Berenice's burnign hair.

b e r e n i c e

Sonhei que a noite se fez luz
E, aberto o céu de par em par,
Que os meus cabelos eu depus
Sobre um sepulcro inscrito: Amar.
E alguém levou-os sem que eu visse
Num grande turbilhão do ar
E foi pregar uma fogueira
No céu da noite – a cabeleira
Branca, a brilhar, de Berenice.

1929

the tower

I

What shall I do with this absurdity –
O heart, O troubled heart – this caricature,
Decrepit age that has been tied to me
As to a dog's tail?
                         Never had I more
Excited, passionate, fantastical
Imagination, nor an ear and eye
That more expected the impossible –
No, not in boyhood when with rod and fly,
Or the humbler worm, I climbed Ben Bulben's back
And had the livelong summer day to spend.
It seems that I must bid the Muse go pack,
Choose Plato and Plotinus for a friend
Until imagination, ear and eye,
Can be content with argument and deal
In abstract things; or be derided by
A sort of battered kettle at the heel.

a torre

I

O que farei com esta absurdidade,
Esta caricatura, coração?
Decrepitude atada à minha idade
Como à cauda de um cão?
                        Jamais terei sentido
Tão grande, tão apaixonada, tão incrível
A fantasia, nem houve olho e ouvido
Que mais quisessem o impossível –
Não, nem quando menino, com inseto e anzol,
Ou mais humilde verme, no alto de Ben Bulben,
Eu tinha a desfrutar todo um dia de sol.
Devo mandar às favas minha Musa,
Ter Platão ou Plotino por amigo,
Até que fantasia, olho e ouvido
Cedam à mente e virem escalpelo
Da ideia abstrata; ou ser escarnecido
Por uma lata presa ao tornozelo.

1926   william butler yeats

II

I pace upon the battlements and stare
On the foundations of a house, or where
Tree, like a sooty finger, starts from the earth;
And send imagination forth
Under the day's declining beam, and call
Images and memories
From ruin or from ancient trees,
For I would ask a question of them all.

Beyond that ridge lived Mrs. French, and once
When every silver candlestick or sconce
Lit up the dark mahogany and the wine,
A serving-man, that could divine
That most respected lady's every wish,
Ran and with the garden shears
Clipped an insolent farmer's ears
And brought them in a little covered dish.

Some few remembered still when I was young
A peasant girl commended by a song,
Who'd lived somewhere upon that rocky place,
And praised the colour of her face,
And had the greater joy in praising her,
Remembering that, if walked she there,
Farmers jostled at the fair
So great a glory did the song confer.

II

Passo pelas muralhas e reconto
Os alicerces de uma casa e o ponto
Onde a árvore, como um dedo sujo, sai do chão,
E solto a imaginação.
À luz do dia declinante apelo às
Memórias e retinas
De antigas árvores ou ruinas –
Que eu gostaria de inquirir a todas elas.

Atrás do monte, Mrs. French viveu, e um dia
– Todos os castiçais e candeias que havia
A iluminar o mogno escuro e o vinho –,
Um servidor que se fazia de adivinho
Dos caprichos da dama do condado
Com as tesouras do jardim cortou as
Orelhas de um granjeiro ousado
E as trouxe em prato recoberto, como broas.

Na juventude ouvi, mais de uma vez, a
Canção sobre uma bela camponesa
Que vivia num áspero recanto.
Louvavam sua tez e seu encanto
Lembrando que quando ela aparecia,
Ébrios da própria fantasia,
Os granjeiros juntavam-se na praça,
Tanto a canção gabava a sua graça.

And certain men, being maddened by those rhymes,
Or else by toasting her a score of times,
Rose from the table and declared it right
To test their fancy by their sight;
But they mistook the brightness of the moon
For the prosaic light of day –
Music had driven their wits astray –
And one was drowned in the great bog of Cloone.

Strange, but the man who made the song was blind;
Yet, now I have considered it, I find
That nothing strange; the tragedy began
With Homer that was a blind man,
And Helen has all living hearts betrayed,
O may the moon and sunlight seem
One inextricable beam,
For if I triumph I must make men mad.

And I myself created Hanrahan
And drove him drunk or sober through the dawn
From somewhere in the neighbouring cottages.
Caught by an old man's juggleries
He stumbled, tumbled, fumbled to and fro
And had but broken knees for hire
And horrible splendour of desire;
I thought it all out twenty years ago:

Alguns, enlouquecidos com o canto
Ou com os brindes que a louvavam tanto,
Ergueram-se da mesa, decididos
A testar a miragem e os sentidos.
Mas um trocou a lua da poesia
Pela luz veraz do dia —
A música mexeu com o seu prumo,
No pântano de Cloone se foi, sem rumo.

Estranho, esta canção a fez um cego,
Mas, quanto mais eu penso, mais eu nego
Que seja estranho; a tragédia, considero,
Teve início com outro cego, Homero,
E Helena, que traiu a nós, viventes.
Ah, que da luz de sol e lua
Um único raio flua,
Pois se eu vencer, farei mentes dementes.

E eu mesmo criei Hanrahan
E o carreguei, bêbado ou não, pela manhã,
De um dos muitos chalés da vizinhança.
Às ordens de um ancião, como criança,
Trombou, tombou, tateou, pra lá, pra cá,
Joelhos rotos por compensação
E o horrível esplendor de uma paixão.
Coisas que imaginei há vinte anos já:

Good fellows shuffled cards in an old bawn;
And when that ancient ruffian's turn was on
He so bewitched the cards under his thumb
That all but the one card became
A pack of hounds and not a pack of cards,
And that he changed into a hare.
Hanrahan rose in frenzy there
And followed up those baying creatures towards –

O towards I have forgotten what – enough!
I must recall a man that neither love
Nor music nor an enemy's clipped ear
Could, he was so harried, cheer;
A figure that has grown so fabulous
There's not a neighbour left to say
When he finished his dog's day:
An ancient bankrupt master of this house.

Before that ruin came, for centuries,
Rough men-at-arms, cross-gartered to the knees
Or shod in iron, climbed the narrow stairs,
And certain men-at-arms there were
Whose images, in the Great Memory stored,
Come with loud cry and panting breast
To break upon a sleeper's rest
While their great wooden dice beat on the board.

A turma carteava num canteiro;
E quando foi a vez do trapaceiro,
Ele tratou as cartas com tal arte
Que fez das suas um carteado à parte:
Cães de caça tomaram o lugar
Das cartas, e uma foi a lebre.
Hanrahan, em sua febre,
Seguiu-lhes o ladrido até chegar...

Até onde chegou não sei – já basta!
Devo lembrar alguém de alma tão gasta
Que nem a orelha do inimigo, exposta,
Nem a canção faria mais disposta.
Uma figura que virou legenda
E à qual não sobrou um só vizinho
Para contar-lhe as pedras do caminho –
Proprietário falido da vivenda.

Antes da perdição, por muitos anos,
Guerreiros rudes, botas couraçadas,
Mãos de ferro, subiram as escadas
Estreitas, e alguns deles que os arcanos
Da Memória preservam, imortais,
Com altos gritos, vista acesa,
Vêm-nos roubar o sono e a paz
E os seus dados ressoam sobre a mesa.

As I would question all, come all who can;
Come old, necessitous, half-mounted man;
And bring beauty's blind rambling celebrant;
The red man the juggler sent
Through God-forsaken meadows; Mrs. French,
Gifted with so fine an ear;
The man drowned in a bog's mire,
When mocking muses chose the country wench.

Did all old men and women, rich and poor,
Who trod upon these rocks or passed this door,
Whether in public or in secret rage
As I do now against old age?
But I have found an answer in those eyes
That are impatient to be gone;
Go therefore; but leave Hanrahan,
For I need all his mighty memories.

Old lecher with a love on every wind,
Bring up out of that deep considering mind
All that you have discovered in the grave,
For it is certain that you have
Reckoned up every unforeknown, unseeing
Plunge, lured by a softening eye,
Or by a touch or a sigh,
Into the labyrinth of another's being;

Invoco a todos, venha toda a gente:
O velho desmontado ou indigente;
O cego e errante arauto da beleza;
Hanrahan, que um jogral tomou por presa
Pelos campos sem Deus; e essa mulher
Que orelhas, mais que ouvidos, quer;
O afogado de amor por uma loa
Das Musas más na lama da lagoa.

Os velhos – ricos, pobres, homens ou mulheres –,
Que andaram por aqui, passaram esta porta,
Em público ou privado, acaso deblateram
Como eu contra a velhice, agora?
Mas encontrei uma resposta nesse clã
Tão impaciente para ir embora;
Pois vão; mas deixem-me Hanrahan,
Que eu necessito de sua múltipla memória.

Velho fauno, um amor em cada esquina,
Extrai de tua mente toda a mina,
Tudo o que no sepulcro descobriste,
Pois sabes computar cada loucura,
Cada cega imersão, cada imprevisto
Sonho de ser que um suave olhar atrai,
Ou um toque ou um ai,
Ao labirinto de outra criatura.

Does the imagination dwell the most
Upon a woman won or woman lost?
If on the lost, admit you turned aside
From a great labyrinth out of pride,
Cowardice, some silly over-subtle thought
Or anything called conscience once;
And that if memory recur, the sun's
Under eclipse and the day blotted out.

III

It is time that I wrote my will;
I choose upstanding men
That climb the streams until
The fountain leap, and at dawn
Drop their cast at the side
Of dripping stone; I declare
They shall inherit my pride,
The pride of people that were
Bound neither to Cause nor to State,
Neither to slaves that were spat on,
Nor to the tyrants that spat,
The people of Burke and of Grattan
That gave, though free to refuse –
Pride, like that of the morn,
When the headlong light is loose,
Or that of the fabulous horn,
Or that of the sudden shower
When all streams are dry,

Acaso a fantasia é compelida
À mulher ganha ou à mulher perdida?
Se à que perdeste, admite o teu esbulho:
Por mera covardia ou por orgulho,
Pseudoconsciência ou sutileza vaga,
Refugiste de um grande labirinto,
E se a memória volve o sol é extinto
Por um eclipse e o dia já se apaga.

III

É tempo do meu testamento.
Eu lego aos que ficam de pé
E vão contra a corrente até
O alto da fonte e cedo
Lançam o anzol, sem medo
Da pedra gotejante. Lego
O orgulho que carrego:
O orgulho dos que não tem fé
Na Causa ou no Estado,
Nem nos tiranos que escarravam
Nem nos escravos escarrados.
De gente como os Burke e Grattan
Que dá – recusando a recusa,
Orgulho como o da manhã
Quando a luz jorra profusa,
Ou o da cornucópia cheia
Ou da chuva que aflora
Quando o rio é só areia,

Or that of the hour
When the swan must fix his eye
Upon a fading gleam,
Float out upon a long
Last reach of glittering stream
And there sing his last song,
And I declare my faith:
I mock Plotinus' thought
And cry in Plato's teeth,
Death and life were not
Till man made up the whole,
Made lock, stock and barrel
Out of his bitter soul,
Aye, sun and moon and star, all,
And further add to that
That, being dead, we rise,
Dream and so create
Translunar Paradise.

I have prepared my peace
With learned Italian things
And the proud stones of Greece,
Poet's imaginings
And memories of love,
Memories of the words of women,
All those things whereof
Man makes a superhuman
Mirror-resembling dream.

Ou o do cisne – na hora
Em que ele fixa o olhar
Num reflexo da aurora
Escolhendo um recanto
Do lago para alçar
O seu último canto.
Meu credo aqui proclamo.
Eu zombo de Plotino
E a Platão eu exclamo:
Morte e vida eram nada
Até o homem fazê-las
E lhes dar um destino
Com as armas e a carga
Da sua alma amarga.
Sim, sol e lua e estrelas.
Proclamo, sem receio,
Que, mortos, vamos retornar
Para criar o devaneio
De um Paraíso translunar.

Eu preparei a minha meta
Com a culta arte italiana,
Pedras da Grécia soberana,
Imagens de poeta,
Palavras de mulher,
Amor e desengano,
Tudo o que o homem quer
Para o seu sobre-humano
Sonho-espelho de ser.

As at the loophole there
The daws chatter and scream,
And drop twigs layer upon layer.
When they have mounted up,
The mother bird will rest
On their hollow top,
And so warm her wild nest.

I leave both faith and pride
To young upstanding men
Climbing the mountain side,
That under bursting dawn
They may drop a fly;
Being of that metal made
Till it was broken by
This sedentary trade.

Now shall I make my soul,
Compelling it to study
In a learned school
Till the wreck of body,
Slow decay of blood,
Testy delirium
Or dull decrepitude,
Or what worse evil come –
The death of friends, or death
Of every brilliant eye
That made a catch in the breath –
Seem but the clouds of the sky
When the horizon fades;
Or a bird's sleepy cry
Among the deepening shades.

No oco do tronco as gralhas
Gritam juntando a rama.
Galho após galho, empilham.
A ave-mãe com carinho
Ali fará sua cama
Para aquecer o ninho.

Eu lego o orgulho e a fé
Aos que ficam de pé,
Galgam o alto do monte
Para lançar o anzol
Na linha do horizonte.
Desse metal fui feito
Até ser alquebrado
Por este ofício estreito.

Preparo a alma, agora,
Votando-a ao estudo
Numa douta demora,
Até o fim de tudo.
Sangue que deteriora,
Desgaste da memória,
Estancamento mudo.
Ou, ainda pior,
A morte dos que outrora
Foram grandes, do olhar
Que fez sustar o alento –
Como as nuvens no ar
Quando o sol cai e um lento
Grito de ave ressoa
Na sombra que se escoa.

gertrude stein

gertrude stein
sim e não

De todos os modernistas radicais, Gertrude Stein permanece sendo a personagem mais indigesta, a menos assimilada. A não ser pelas duas tardias autobiografias, em que ela se permitiu um compromisso com a linguagem normativa – The Autobiography of Alice B. Toklas, 1932 e Everybody's Autobiography, 1936, divulgadas, entre nós, em traduções publicadas respectivamente, em 1984[1] e 1983[2] – sua prosa e sua poesia, ou que nome tenham, continuam a desafiar e a incomodar.

Mesmo a poesia concreta brasileira relutou em colocá-la no seu *paideuma* (ou elenco de autores que serviriam de "nutrição de impulso" ao movimento), constituído, afinal, basicamente, por Mallarmé, Joyce, Pound e

---

1. *Autobiografia de Alice B. Toklas*, Porto Alegre: L&PM.
2. *Autobiografia de Todo Mundo*, Rio de Janeiro: Nova Fronteira.

Cummings, embora Décio Pignatari, já no manifesto *Nova Poesia: Concreta*, de 1956, mencionasse com destaque a frase-lema "rose is a rose is a rose is a rose". O polilinguismo, os neologismos, as fragmentações vocabulares e as estruturas "verbivocovisuais", decorrentes do elenco básico, caracterizam as primeiras manifestações da nossa poesia concreta. Mas já em 56, a molecularidade sonorista de criações como "terra" ou "tensão" aproximava os brasileiros do minimalismo idiomático de certas pesquisas steinianas.

Só alguns anos mais tarde eu daria maior atenção à linguagem de Gertrude, até pela dificuldade em encontrar os seus livros, vários dos quais publicados pela primeira vez a partir de 1951 pela Yale University Press ou republicados na década de 1960 pela editora Something Else Press, de Dick Higgins. Tendo conseguido obter a primeira edição de *Last Operas and Plays* (1949), que incluía a versão completa de "Four Saints in Three Acts" publiquei no Suplemento Literário do *Estado de S.Paulo*(14/3/59), ao lado de duas traduções – trechos de "Four Saints in Three Acts" e "Listen to Me"–, um artigo intitulado "Gertrude Stein e a Melodia de Timbres", no qual reivindicava para ela, contra a opinião de Hugh Kenner, um lugar entre os "inventores" literários. Tinha conseguido, também, uma gravação de "Capital, Capitals", com música de Virgil Thomson, editada no início dos anos 1950, e ficara profundamente impressionado. Mais tarde adquiri a versão de Thomson de "Four Saints in Three Acts", um memorável LP da RCA Victor (1964)[3], que me forneceria material para o artigo "A Música da Geração Perdida" (1981), estampado na revista *Som Três*. Por outro lado, homenageei o centenário de nascimento da escritora em "Gertrude é uma Gertrude" – publicado primeiro

---

3. O LP *Four Saints in Three Acts*, que fora gravado em 1947, reapareceu em CD da RCA Victor, em 1981. O LP que continha "Capital, Capitals" (Modern American Music Series) veio a ser incluído num CD da gravadora Sony (1999).

no Suplemento Literário do jornal *Minas Gerais* (20/7/74), e depois na revista *Através* n. 3 (1979) e em *O Anticrítico*[4]. Por fim, traduzi no livro *Porta Retratos: Gertrude Stein*[5] alguns dos seus "retratos" — "A Portrait of One", "If I Told Him", "George Hugnet", "Identity: A Tale" —, agregando-lhes uma "intradução" ("intra", não "intro"), o poema "rosa para gertrude". Dou dados e datas para municiar o eventual leitor interessado. Foi sempre parca a divulgação de sua obra entre nós. Mário Faustino verteu, pioneiramente, entre setembro e outubro de 1957, em vários números do Suplemento Literário do *Jornal do Brasil*, o estudo *Poetry and Grammar*, que, no entanto, não veio a ser incluído nas posteriores coletâneas dedicadas ao poeta, prematuramente falecido. Em 1965, a editora Cultrix lançou *Três Vidas* em tradução de Brenno Silveira e José Paulo Paes. A revista *Código 8* (1983), da Bahia, estampou fragmentos de "Melanctha", o mais experimental dos contos de *Três Vidas*, numa apurada versão de Caetano Veloso. Duda Machado resenhou com sensibilidade as duas autobiografias. Em algum ponto do caminho, Livio Tragtenberg recriou alguns trechos de "Four Saints in Three Acts". Recentemente, Adriana Calcanhoto incluíu no seu último CD (*A Fábrica do Poema*) um trecho de *Portrait of Picasso* na voz da própria Gertrude (traduzido no encarte por Suzana de Moraes). Nada mais, ou nada de muito mais, que eu saiba[6].

Nos seus escritos radicais, Gertrude pratica a prosa mais abstrata e abstrusa que se possa conceber. Em *Tender Buttons* (Botões Tenros e/ou Ternos), publicado em 1914, mas iniciado em 1911, e portanto notável pela sua

---

4. São Paulo: Companhia das Letras, 1986.

5. Florianópolis: Noa Noa, 1990.

6. Cf. o artigo "Ver-ouvir Stein", de Inês Cardoso, publicado na revista *Inimigo Rumor* 17 (2004/2005), para referência a traduções mais recentes. No mesmo número a autora publica sua tradução de um texto de Gertrude, "Parte IV. A Questão da Identidade. Uma Peça".

precedência experimental, a semântica dos textos não trata sequer de corresponder aos seus títulos:

UM SELO VERMELHO

Se lírios são brancos como lírio se eles exaurem barulho e distância e mesmo pó, se eles poentos sujam uma superfície que não tem grande graça, se eles fazem isso não é necessário não é de todo necessário se eles fazem isso precisam de um catálogo.

UM MÉTODO DE UM CASACO

Uma única subida a uma linha, uma direta permuta para uma bengala, uma desesperada aventura e coragem e um relógio, tudo isso que é um sistema, que tem sentimento, que tem resignação e sucesso, tudo faz atrativa uma prata preta.

UMA GARRAFA, ISTO É UM VIDRO CEGO

Uma espécie em vidro e um primo, um espetáculo e nada estranho uma única dor ferida e um arranjo em um sistema para apontar. Tudo isso e não ordinário, não desordenado em não parecer. A diferença está se espalhando.

Dadá chegaria lá. O "automatismo psíquico" dos surrealistas de anos depois não foi mais longe. Antes vulgarizou e retoricizou as propostas steinianas cobrindo a nudez chapada de suas frases sem sentido com brilharecos metafóricos e histerismo verbal.

Mais adiante, nos "retratos" e em outras obras, Gertrude expandiu a sua fraseologia, modelando a repetição e, nos momentos mais significativos, concentrando seus experimentos em vocábulos de poucas sílabas, ou mesmo monossílabos (que o idioma inglês lhe permitia explorar), e criando uma espécie de "inglês básico" literário. Estava interessada, também, no que chamava de "presente contínuo", algo que perseguia desde "Melanchta" e que a levaria a privilegiar os verbos, especialmente em formas gerundiais, e as reiterações – artifícios linguísticos que sugeririam uma dilatação ou prorrogação indefinida do momento, paralizando a ação em várias inflexões do mesmo ato. Como observou Wendy Steiner[7], a articulação das frases em unidades similares age antissintaticamente, tornando difícil a integração de tais frases sem múltiplas leituras ou mesmo análises das relações entre as cláusulas. Essa dissolução da frase, que interfere com a relações de tempo e de espaço, é um indiscutível feito de Gertrude, revelando-se ainda hoje rica de sugestões. Mas a prolixidade sempre foi o seu maior defeito. Chegou ao máximo em *The Making of Americans*, em que ela faz, por assim dizer, a autobiografia da sua família enquanto protótipo da família americana. Aqui as mais banais descrições caracterológicas são repisadas com mínimas variações em redundâncias recorrentes que se acumulam ao longo de quase 1000 páginas na platitude sem relevos de uma planície aparentemente sem fim.

7. *Exact Resemblance to Exact Resemblance: The Literary Portraiture of Gertrude Stein.* Yale Univesity Press, 1978.

Nos mais sucintos *portraits* (de Picasso, Matisse, e tantos outros) ela consegue, a meu ver, dosar melhor suas reiterações e contextualizá-las mais consequentemente, sem deixar de manter uma independência temática, atingindo resultados únicos e elaborando o que se poderia chamar, talvez como a nenhuma outra criação textual, de prosa "cubista": como que visualiza de várias perspectivas simultâneas o mesmo fato. Curiosamente Gertrude não faz da palavra, e muito menos da letra, mas da frase (a sentença, o parágrafo) a célula-mater do seu discurso. Desdobrada, prismatizada, refratada em várias torções de posição, mas não pulverizada, é sempre a sentença que constitui o foco do seu discurso. No entanto, em alguns momentos, a repetição das partes do discurso (incluindo, sem preconceitos, conectivos, preposições e outras "partes fracas" das orações), aliada à exploração das sonoridades minimalistas do idioma, faz aflorar, molecularmente, a palavra, submetida a uma inédita microscopia. Veja-se o início de "Van Ou Vinte Anos Após (Um Segundo Retrato de Carl Van Vechten)", de 1923, que dou no original, insubstituível e, a seguir, numa tentativa de recriação não literal que busca manter em português a sua elevada taxa monossilábica:

Twenty years after, as much as twenty years after in as much as twenty years after, after twenty years and so on. It is it is it is it is it is, as if it. Or as if it. More as if it. As more. As more, as if it. And if it. And for and as if it.

(Vinte anos após, tal qual vinte anos após tal qual tal vinte anos após, após vinte anos e tal. É e é e é e é, tal qual se é. Ou se tal se é. Mais se qual se é. Qual mais. Qual mais, se tal se é. E se é. Se tal qual se é).

Já a poesia propriamente "poética" de Gertrude Stein, tal como praticada em *Stanzas in Meditation* (1932), parece menos interessante: um discurso semiconfessional, canhestro e sem brilho, aqui e ali animado pelos ritmos e rimas ingênuos das "nursery rhymes", que repontam, com mais graça, em outras obras: *when this you see remember me.* Como ela mesmo as definiu, suas *Stanzas* constituem "a real achievement of the common place", um monumento do lugar comum. Melhoram, quando os monossílabos são de novo convocados: "One and one / Or not which they were won / I won".

Pound, que nunca demonstrou simpatia pelas abstrações steinianas, e que também não aceitava o *Finnegans Wake*, passou a unir Gertrude e Joyce na mesma visão negativa, quando este iniciou a sua *work in progress* (que Pound chamava de *in regress*, afirmando, em mais de uma ocasião, estar cheio da "diarreia do inconsciente" de ambos – o "dear Jim" e a "oedipus Gertie"). No seu jargão típico, dizia a Zukofsky numa carta de 5/3/1928: "Gertie and Jimmie both hunting for new langwitch, but hunting, I think, in wrong ash-pile". Não conheço registro expresso da opinião de Joyce sobre Gertrude. Limitou-se a parodiá-la, gozativamente, numa de suas cartas. Vizinhos, em Paris, só se encontraram uma vez e, nessa ocasião, apenas trocaram palavras formais. Cummings, a cuja poesia ela nunca se referiu, mas de quem afirmou apreciar *The Enormous Room*, interessou-se, quando ainda muito jovem, por *Tender Buttons*. Na conferência de sua formatura em Harvard, em 1915 (tinha 21 anos) citou exemplos do livro, provocando risos da plateia, e o defendeu com brio:

> Gertrude Stein é uma futurista que subordina o significado das palavras à beleza das próprias palavras. Sua arte é a lógica da pintura sonora literária levada ao extremo. [...] A pergunta surge agora: O Quanto de tudo isso é realmente Arte? A resposta é: Não sabemos. Os grandes homens do futuro sem dúvida aproveitarão da experimentação do presente período, pois esta mesma experimentação é o desdobramento lógico das tendências sonoras.

Que a conclusão, num caso particular, seja o absurdo não desnatura o valor do experimento desde que se trate de um esforço sincero. A Nova Arte, ainda que desacreditada por faquires e fanáticos, aparecerá no seu espírito essencial ao crítico despreconcebido como uma exploração corajosa e genuína de caminhos não palmilhados.

Perguntado, anos mais tarde, por Charles Norman sobre o que achava de Gertrude afirmou: "Eu tentei lê-la. Posso sentir algumas coisas, mas ela não me dá tantas coisas como dá a algumas pessoas. Ela é um símbolo, um excelente símbolo, como uma coluna de cimento Portland. Não se pode mexê-la. Os filistinos trombam com ela e se ferram". E, ainda, numa carta: "... I tried to read a hugely fat hyperopus stuffed-to-burst with repetitions & labelled The Making of Americans; finally quitting at page thirtysomething.", o que, com alguma liberdade, se poderia verter por: "tentei ler um gravidamente gordo hiperopus cheioatéaboca de repetições & rotulado The Making of Americans, pulandofora finalmente à página trintaealgumacoisa".

O que a separa, definitivamente, de Joyce, Pound e Cummings é que nestes há uma fundamental articulação temática, as dificuldades de leitura derivando quase sempre de elipses estilísticas ou de obscuridades de referência. Mesmo na areia movediça do Joyce todo-experimental de *Finnegans Wake* há uma coerência básica de motivos, uma *ratio* semântica que sanciona os mais estapafúrdios trocadilhos. As referências não são disparatadas mas se empilham por associação, segundo grandes linhas temáticas – por exemplo, as quedas de Adão, de Napoleão, de Humpty Dumpty, de Lúcifer, de Finn Mc Cool, o crack da Bolsa etc. etc. Tudo (ou quase tudo) se esclarece através de "chaves" temáticas. Compare-se, por exemplo, o trocadilho joyceano "O'Neill saw queen Molly's pants" (tradução fônica do francês "Honni soit qui mal y pense") com procedimento semelhante adotado por Gertrude na frase "Give known or pin ware" (por Guillaume Apollinaire). Enquanto o inglês sobreposto por Joyce deforma a divisa da Ordem da Jarreteira numa franca tirada joco-erótica, que alude a um dos temas do *Finnegans Wake* (o voyeurismo do personagem HCE), a menos hábil transliteração sonora de Gertrude não gera mais que uma cadeia gratuita de palavras desconexas, por mais que Wendy Steiner se esforce por justificá-las (em *Exact Resemblance to Exact Resemblance*). A incongruência semântica, de par com a incontinência verbal, resulta inevitavelmente na maior fragilidade dos textos steinianos. Em que pese o valor da experiência enquanto experiência, essa fungibilidade dos textos – pode-se subtrair, alterar ou acrescentar palavras sem maior dano – torna-os vulneráveis do ponto de vista técnico e artístico. Joyce, ao contrário, pretendia poder justificar cada sílaba do seu livro. Como afirmam Joseph Campbell e H. M. Robinson, os autores do clássico *A Skeleton Key to Finnegans Wake*, "em meio a um mar de incertezas, de uma coisa podemos estar certos: não há sílabas sem sentido em Joyce". A legibilidade relativa dos *Cantos* ou do *Finnegans Wake* é fruto de dificuldades referenciais e é largamente compensada pela sua pregnância artística, que rende momentos de alta voltagem, como, digamos, o episódio das lavadeiras ("Anna Livia Plurabelle") no *FW*, os primeiros "Cantos" e o "Canto XX", o "Canto da Usura" ou a maioria dos Pisanos, nos *Cantos*. Já *Tender Buttons* ou *The Making of Americans* carecem de situações pregnantes. A ilegibilidade dos textos não provém de condensações semânticas mas da sua insignificância, por carência de significado no primeiro caso, ou por excesso de loquacidade e redundância, no segundo.

Tudo somado, parece difícil fugir à apreciação feita por Edmund Wilson, em 1931, no seu *O Castelo de Axel* (aqui citado na tradução de José Paulo Paes). O crítico foi capaz de perceber tanto a grandeza quanto a fragilidade da escritora, assinalando-lhe a "auto-hipnose ruminativa", "a degenerescência adiposa de sua imaginação e de seu estilo", mas vendo-a, afinal, generosamente, como "o grande Buda piramidal, segundo a estátua que Jo Davidson fez dela, a ruminar plácida e eternamente o desenvolvimento gradual do processo de ser, a registrar as vibrações de uma região psicológica, qual augusto sismógrafo humano cujos gráficos não aprendemos a ler", para concluir que "sempre que lhe percorremos os livros, por ininteligíveis que nos possam parecer, sentimos a presença de uma personalidade literária de inconfundível originalidade e eminência".

Sim. Apesar das restrições, Gertrude continua a interessar-nos.

Para mim, mais do que qualquer outra intervenção literária – mais até do que o minimalismo da poesia concreta, cujos pressupostos se acham também em outras fontes e em outras leituras da modernidade – foram os métodos de acaso do grande músico (e grande poeta por acaso) John Cage que vieram recuperar o interesse criativo em torno de Gertrude, algo totalmente distinto das simpatias mais ou menos folclorísticas que rondam suas autobiografias ou do nebuloso mimetismo que anima os epígonos ortodoxos da sua escritura não referencial que emergiram nas últimas décadas nos EUA.

A desreferenciação steiniana ressurge nos choques inesperados e nas súbitas descobertas das práticas de indeterminação aplicadas por Cage aos seus próprios textos literários, em particular a muitos dos seus "mesósticos" (metatextos que se perfazem por processos aleatórios de colagem de fragmentos de outros autores, como Thoreau, Joyce e o próprio Cage). Particularmente nos reunidos em *Empty Words* (Palavras Vazias), título que já denota o esvaziamento semântico que caracteriza tais textos. Mas nos melhores momentos Cage realiza, a seu modo, uma síntese dos modernistas radicais que se constituíram nos seus autores de cabeceira: "Joyce, você sabe, foi o meu principal 'inspirador'. Houve também Gertrude Stein. E, desde os meus anos de colégio, sempre admirei muito Eliot, Pound e Cummings. Mas Joyce e Gertrude Stein permanecem, para mim, os mais importantes". – declarou ele a Daniel Charles (For the Birds, 1976). Nas suas séries de Diários (Como Melhorar O Mundo, Você Só Tornará As Coisas Piores, que embutem reflexões, opiniões e anedotas exemplares em cadeias paratáticas de citações e diálogos, Cage parece fundir o nonsense steiniano às técnicas colagísticas dos "Cantos" poundianos. E em alguns dos seus últimos e mais fragmentários "mesósticos", como as conferências de Harvard, de 1990 (I-VI – The Charles Eiot Norton Lectures, 1988-1989), que constituem quase um testamento poético, Stein e Pound, Joyce e Cummings como que convergem em cachos de sílabas, palavras e frases, aparentemente sem nexo, mas na verdade referidos a blocos textuais de citações colageadas por processos aleatórios de seleção.

A chance poetry cageana, com suas implicações auditivas (Cage gravou vários dos seus textos), me faz refletir sobre um modo de compensar a fragilidade estrutural das redundâncias steinianas. Talvez os seus textos devam ser encarados mais como librettos (como os "ouviu" Virgil Thomson) do que como obras definitivas, ou definitivamente fixadas no papel. Ou como "letras" (na acepção de letras de música), mais próximas da conversa e da fala do que da poesia escrita ou estrita. Gertrude afirmava que preferia ouvir com os olhos. Quem sabe não devamos "lê-la" com os ouvidos. Nesse sentido, são exemplares e iluminadoras as composições de Thomson, trazendo à tona, explicitamente, a sonoridade das palavras de Gertrude. Quando ouvimos "Capital, Capitals" ou "Four Saints in Three Acts" não nos fixamos no número de repetições, mas na transbordante musicalidade que brota desses textos exploratórios e imprevistos. A música retifica o número. Quantidade vira qualidade. Projetadas, de vez, na dimensão oral e temporal, as criações steinianas livram-se das exigências da fixidez gráfica e espacial do texto--livro, onde, como ocorre com as letras e os libretos de música, elas se fragilizam, carentes de imantação estrutural.

Talvez já se possa pensar também em recuperar a "dignidade" de suas "steinografias", por mais que as tiradas paranoicas as diminuam e a ligeireza da tagarelice autobiográfica limite o seu alcance. Tecnicamente, são "obras difíceis" que o equilíbrio fantástico entre banalidade e sofisticação, conversa e desconversa, e a dosagem mais moderada de redundância tornaram aparentemente fáceis, mas que permanecem "difíceis", o que não deixa de ser um *tour de force* apreciável. Como disse a própria Gertrude pós-autobiografia de Alice B. Toklas: "posso ser aceita mais do que fui mas posso ser rejeitada quase tanto."

"Einstein was the creative philosophic mind of the century and I have been the creative literary mind of the century". "I don't care to say whether I'm greater than Shakespeare, and he's dead and can't say wether he's greater than I am. Time will tell". Não. Gertrude não é a maior criadora literária do século, comparável ao maior cientista do século XX, nem chega aos pés de Shakespeare, por mais que a sua anedótica megalomania a tenha induzido ao disparate dessas comparações. No espelho de "rainha má" dessa *bad girl* da vanguarda aparecem sempre, no mínimo, duas sombras: Joyce e Pound, os seus rivais inatingíveis. Mas o simples fato de poder ombrear-se com eles, além de tê-los precedido crononologicamente, lhe dá uma posição ímpar no quadro da modernidade. Ela, que, em 1931, no mesmo ano em que Pound publicou *How to Read*, contrapôs-lhe um *How to Write*, acabou consciente ou inconscientemente se avizinhando do HCE (Here Comes Everybody) da *work in progress* joyceana ao titular a sua última autobiografia. Juntando tudo, poderíamos concluir formulando esta resposta sem pergunta no ocaso-acaso do século: "How to Read or How to Write. Here Comes Everybody's Autobiography".

Mas a história não termina aí. No fundo do espelho, há mais uma sombra – quem sabe maior do que todas as outras. Uma sombra que Gertrude não viu, talvez porque, como ela afirmou na "autobiografia de todo mundo", não estava interessada na língua francesa como literatura e portanto não a lia. Pior para ela. Em 1897, quando Gertrude era ainda apenas uma descuidada estudante de medicina, a *creative literary mind* de um poeta francês, aliás obscuro professor de inglês, publicava em Paris uma obra sem precedentes – *Um Lance de Dados* – por ele mesmo indefinidamente definida como "nada, ou talvez uma arte". Um nada que iria mudar o rumo da poesia dos séculos vindouros. Sem alarde, há cem anos, recuando o marco do século xx, o Einstein da poesia já havia surgido.

a portrait of one

Harry Phelan Gibb

Some one in knowing everything is knowing that some one is something. Some one is something and is succeeding is succeding in hoping that thing. He is suffering.

He is succeding in hoping and he is succeeding in saying that that is something. He is suffering, he is suffering and succeeding in hoping that in succeeding in saying that he is succeeding in hoping is something.

He is suffering, he is hoping, he is succeding in saying that anything is something. He is suffering, he is hoping, he is succeeding in saying that something is something. He is hoping that he is succeeding in hoping that something is something. He is hoping that he is succeeding in saying that he is succeeding in hoping that something is something. He is hoping that he is succeeding in saying that something is something.

um retrato de um

Harry Phelan Gibb

Algum um sabendo que tudo é saber que algum um é alguma coisa. Algum um é alguma coisa e está conseguindo está conseguindo esperar essa coisa. Está sofrendo.

Está conseguindo esperar e está conseguindo dizer que isso é alguma coisa. Está sofrendo está sofrendo e conseguindo esperar que conseguir dizer que está conseguindo esperar é alguma coisa.

Está sofrendo, está esperando, está conseguindo dizer que qualquer coisa é alguma coisa. Está sofrendo, está esperando, está conseguindo dizer que alguma coisa é alguma coisa. Está esperando conseguir esperar que alguma coisa seja alguma coisa. Está esperando conseguir dizer que está conseguindo esperar que alguma coisa seja alguma coisa. Está esperando conseguir dizer que alguma coisa é alguma coisa.

1913

if i told him

A Completed Portrait of Picasso

If I told him would he like it. Would he like it if I told him.

Would he like it would Napoleon would Napoleon would would he like it.

If Napoleon if I told him if I told him if Napoleon. Would he like it if I told him if I told him if Napoleon. Would he like it if Napoleon if Napoleon if I told him. If I told him if Napoleon if Napoleon if I told him. If I told him would he like it would he like it if I told him.

Now.

Not now.

And now.

Now.

Exactly as as kings.

Feeling full for it.

Exactitude as kings.

So to beseech you as f ull as for it.

Exactly or as kings.

Shutters shut and open so do queens. Shutters shut and shutters and so shutters shut and shutters and so and so shutters and so shutters shut and so shutters shut and shutters and so. And so shutters shut and so and also. And also and so and so and also.

Exact resemblance to exact resemblance the exact resemblance as exact as a resemblance, exactly as resembling, exactly resembling, exactly in resemblance exactly a resemblance, exactly and resemblance. For this is so. Because.

se eu lhe contasse

Um Retrato Acabado de Picasso

Se eu lhe contasse ele gostaria. Ele gostaria se eu lhe contasse.

Ele gostaria se Napoleão se Napoleão gostasse gostaria ele gostaria.

Napoleão se eu lhe contasse se eu lhe contasse se Napoleão. Gostaria se eu lhe contasse se eu lhe contasse se Napoleão. Gostaria se Napoleão se Napoleão se eu lhe contasse. Se eu lhe contasse se Napoleão se Napoleão se eu lhe contasse. Se eu lhe contasse ele gostaria ele gostaria se eu lhe contasse.

Já.

Não já.

E já.

Já.

Exatamente como como reis.

Tão totalmente tanto.

Exatidão como reis.

Para te suplicar tanto quanto.

Exatamente ou como reis.

Fechaduras fecham e abrem e assim rainhas. Fechaduras fecham e fechaduras e assim fechaduras fecham e fechaduras e assim e assim fechaduras e assim fechaduras fecham e assim fechaduras fecham e fechaduras e assim. E assim fechaduras fecham e assim e assado. E assado e assim e assim e assado.

Exata semelhança e exata semelhança e exata semelhança como exata como uma semelhança, exatamente como assemelhar-se, exatamente assemelhar-se, exatamente em semelhança exatamente uma semelhança, exatamente a semelhança. Pois é assim a ação. Porque.

1923

Now actively repeat at all, now actively repeat at all, noiv actively repeat at all.

Have hold and hear, actively repeat at all.

I judge judge.

As a resemblance to him.

Who comes first. Napoleon the first.

Who comes too coming coming too, who goes there, as they go they share, who shares all, all is as all as as yet or as yet.

Now to date now to date. Now and now and date and the date.

Who came first Napoleon at first. Who came first Napoleon the first. Who came first, Napoleon first.

Presently.

Exactly do they do.

First exactly.

Exactly do they do too.

First exactly.

And first exactly.

Exactly do they do.

And first exactly and exactly.

And do they do.

At first exactly and first exactly and do they do.

The first exactly.

And do they do.

The first exactly.

At first exactly.

First as exactly.

At first as exactly.

Presently.

As presently.

Repita prontamente afinal, repita prontamente afinal, repita prontamente afinal.

Pulse forte e ouça, repita prontamente afinal.

Juízo o juiz.

Como uma semelhança a ele.

Quem vem primeiro. Napoleão primeiro.

Quem vem também vindo vindo também, quem vem lá, quem vier virá, quem toma lá dá cá, cá e como lá tal qual tal ou tal qual.

Agora para dar data para dar data. Agora e agora e data e a data.

Quem veio primeiro Napoleão de primeiro. Quem veio primeiro. Napoleão primeiro. quem veio primeiro, Napoleão primeiro.

Presentemente.

Exatamente eles vão bem.

Primeiro exatamente.

Exatamente eles vão bem também.

Primeiro exatamente.

E primeiro exatamente.

Exatamente eles vão bem.

E primeiro exatamente e exatamente.

E eles vão bem.

E primeiro exatamente e primeiro exatamente e eles vão bem.

O primeiro exatamente.

E eles vão bem.

O primeiro exatamente.

De primeiro exatamente.

Primeiro como exatamente.

De primeiro como exatamente.

Presentemente.

Como presentemente.

As as presently.

He he he he and he and he and and he and he and he and and as and as he and as he and he. He is and as he is, and as he is and he is, he is and as he and he and as he is and he and he and and he and he.

Can curls rob can curls quote, quotable.

As presently.

As exactitude.

As trains.

Has trains.

Has trains.

As trains.

As trains.

Presently.

Proportions.

Presently.

As proportions as presently.

Father and farther.

Was the king or room.

Farther and whether.

Was there was there was there what was there was there what was there was there there was there.

Whether and in there.

As even say so.

One.

I land.

Two.

I land.

Three.

The land.

Como como presentemente.

Se se se se e se e se e e se e se e se e e como e como se e como se e se.
Se é e como se é, e como se é e se é, se é e como se e se e como se é e se
e se e e se e se.

Cachos roubam anéis cachos fiam, fiéis.

Como presentemente.

Como exatidão.

Como trens.

Tomo trens.

Tomo trens.

Como trens.

Como trens.

Presentemente.

Proporções.

Presentemente.

Como proporções como presentemente.

Pais e pois.

Era rei ou rês.

Pois e vez.

Uma vez uma vez uma vez era uma vez o que era uma vez uma vez uma
vez era uma vez vez uma vez.

Vez e em vez.

E assim se fez.

Um.

Eu aterro.

Dois.

Aterro.

Três.

A terra.

Three.
The land.
Three.
The land.
Two.
I land.
Two.
I land.
One.
I land.
Two.
I land.
As a so.
They cannot.
A note.
They cannot.
A float.
They cannot.
They dote.
They cannot.
They as denote.
Miracles play.
Play fairly.
Play fairly well.
A well.
As well.
As or as presently.
Let me recite what history teaches. History teaches.

Três.

A terra.

Três.

A terra.

Dois.

Aterro.

Dois.

Aterro.

Um.

Aterro.

Dois.

Eu te erro.

Como um tão.

Eles não vão.

Uma nota.

Eles não notam.

Uma bota.

Eles não anotam.

Eles dotam.

Eles não dão.

Eles como denotam.

Milagres dão-se.

Dão-se bem.

Dão-se muito bem.

Um bem.

Tão bem.

Como ou como presentemente.

Vou recitar o que a história ensina. A história ensina.

george hugnet

George and Genevieve.

Geronimo with a with whether they thought they were with whether.

Without their finding it out. Without. Their finding it out. With whether.

George whether they were about. With their finding their whether it finding it out whether with their finding about it out.

George with their finding it with out.

George whether their with their it whether.

Redoubt out with about.

With out whether it their whether with out doubt.

Azure can with out about.

It is welcome welcome thing.

George in are ring.

Lain away awake.

George in our ring.

George Genevieve Geronimo straightened it out without their finding it out.

Grammar makes George in our ring which Grammar make George in our ring.

Grammar is as disappointed not is as grammar is as disappointed.

Grammar is not as Grammar is as disappointed.

George is in our ring. Grammar is not is disappointed. In are ring.

George Genevieve in are ring.

george hugnet

George e Genevieve

Gerônimo com um com quer eles pensassem que estavam com quer.

Sem descobrirem sequer. Sem. Eles descobrirem sequer. Com quer.

George quer quisessem qual quer. Com descobrirem o que quer que descobrirem sequer que quer que eles descobrirem que qualquer quer.

George com descobrirem qual se quer quer.

George quer com qualquer sequer.

Requer se com qual quer.

Com sequer que se quer qual quer.

Anil pode ser qualquer.

É melhor melhor que mel.

George em nós há anel.

Jaz de lado acordado.

Georga em nosso anel.

George Genevieve Gerônimo acertaram qual quer sem descobriram sequer.

Gramática faz George em nosso anel o que Gramática faz George em nosso anel.

Gramática está mais desapontada não está mais gramática está mais desapontada.

Gramática não está mais Gramática está mais desapontada.

George era nosso anel. Gramática está não está desapontada. Em nós há anel.

George Genevieve em nós há anel.

1928

identity: a tale

Since there are no men in existence anywhere except here on this earth being men is not an easy thing to happen.

Sweet William had his genius and so he did not look for it. He did look for Lilian and then he had Lilian.

A poem

It is natural that there are many

It is natural that there are few

A city says how do you do

And sometimes one or two

Now Sweet William had his genius and so he could tell a careful story of how they enjoyed themselves. But he did not have his Lilian, he looked for Lilian and so he could not tell a careful story of how they enjoyed themselves.

A conversation

Well well who is a genius he said and she said well well. Well well who is the genius.

What is a genius she said and he said what is a genius. And they both answered at once who is a genius. When they both answered at once they answered well well what is a genius.

Then there was a pause and Sweet William looked for Lilian

He says oh no she says oh no it is so.

Sweet William forgot nothing. To forget is not to remember but to remember is not to forget.

And so Sweet William said that he thought

identidade: um conto

Uma vez que não há gente existente em parte alguma exceto aqui na terra ser gente não é tão fácil de ocorrer.

O Bom William tinha seu gênio assim não precisou procurar por ele. Ele procurou por Lilian e então teve Lilian.

Um poema

É natural que haja muitos

É natural que haja alguns

Uma cidade diz tudo bem

E algumas vezes um ou cem

Ora o Bom William tinha seu gênio e assim podia contar a minuciosa estória de como elas se davam bem. Mas ele não tinha sua Lilian, ele procurava por Lilian e assim não podia contar a minuciosa estória de como eles se davam bem.

Uma conversa

Bem bem quem é um gênio ele disse e ela disse bem bem. Bem bem quem é o gênio.

O que é um gênio ela disse e ele disse o que é um gênio. E eles dois responderam de uma vez quem é um gênio. Quando eles dois responderam de uma vez eles responderam bem bem o que é um gênio.

Então houve uma pausa e o Bom William procurou por Lilian.

Ele diz oh não ela diz oh não é isso então.

O Bom William não esqueceu nada. Esquecer não é relembrar mas relembrar não é esquecer.

E assim o Bom William disse que ele pensava

A motto

Why should alas be near to nothing

And so Sweet William was nervous as was his habit.

An aphorism

It is always well to tell what it is that is done.

No story is interesting although I always listen to it and they have to make up the ending and if it does not make you cry and now nothing makes them cry because no one can try to make them cry. And so there is no ending. That is what makes stories what they are and now I will tell one.

Identity a story

There is any day not what they say there is a man there and it is well done. If he likes it or not it is well done. They like to know that it is well done. That is what a man is they like to know that it is well done. What is it that a man is a man is that they like to know that it is well done. If it is not well done he is dead and they like to know that he is dead if it is well done. That is the one thing that there is that there is now that he is dead and that it is well done.

Since there are no men in existence anywhere except here being men is not an easy thing and therefore master-pieces are so rare.

I wish words of one sylable were as bold as told.

Anybody can like words of one sylable here and there but I like them anywhere.

I will tell in words of one sylable anything there is to tell not ven, well but just well.

Um lema

Por que um ah deve estar perto de nada.

E assim o Bom William estava nervoso como era de seu hábito.

Um aforismo

É sempre bem contar o que é que está feito.

Nenhuma estória é interessante embora eu sempre tenha prestado atenção e eles têm sempre que fazer um fim e se ele não faz você chorar e agora nada os faz chorar porque ninguém pode tentar fazê-los chorar. E assim não há fim. Isso é o que faz as estórias o que elas são e agora eu vou contar uma.

Identidade uma estória

Há qualquer dia em que não se diz que há um ser lá e é tal qual. Se ele quer ou não é tal qual. Só se quer ver se é tal qual. Eis o que um ser é se se quer ver que é tal qual. O que é e que um ser é um ser que se quer ver que é tal qual. Se não é tal qual é um ex ser e se quer só ver que é um ex ser se é tal qual. Que é um só ser que há que há já que ele é um ex ser e que é tal qual.

Uma vez que não há gente existente em parte alguma exceto aqui ser gente não é uma coisa fácil e por isso as obras-primas são tão raras.

Eu queria que as palavras de uma só sílaba fossem tão bem como vêm.

Qualquer um pode gostar de palavras de uma só silaba aqui e ali mas eu as quero em toda a parte.

Eu vou lhes contar em palavras de uma só silaba tudo o que há para contar não muito bem mas só bem.

from
four saints in three acts

SCENE X

When.

Saint Therese. Could Four Acts be when four acts could be ten Saint Therese. Saint Therese Saint Therese Four Acts could be four acts could be when when four acts could be ten.

Saint Therese.   When.

Saint Settlement.   Then.

Saint Genevieve.   When.

Saint Cecile.   Then.

Saint Ignatius.   Then.

Saint Ignatius.   Men.

Saint Ignatius.   When.

Saint Ignatius.   Ten.

Saint Ignatius.   Then.

Saint Therese.   When.

Saint Chavez.   Ten.

Saint Plan.   When then.

Saint Settlement.   Then.

Saint Anne.   Then.

Saint Genevieve.   Ten.

Saint Cecile.   Then.

Saint Answers.   Ten.

de

quatro santos em três atos

CENA X

Se.

Santa Teresa. Poderiam ser Quatro Atos se quatro atos pudessem ser dez Santa Teresa. Santa Teresa Santa Teresa Quatro Atos poderiam ser quatro atos poderiam ser se se quatro atos pudessem ser dez.

Santa Teresa.   Se.

São Fundamento.   Quer.

Santa Genoveva.   Se.

Santa Cecília.   Quer.

Santo Inácio.   Quer.

Santo Inácio.   Se.

Santo Inácio.   São.

Santo Inácio.   Dez.

Santo Inácio.   Quer.

Santa Teresa.   Se.

São Chavez.   Dez.

São Plano.   Quer se.

São Fundamento.   Quer.

Santana.   Quer.

Santa Genoveva.   Dez.

Santa Cecília.   Quer.

Santa Resposta.   Dez.

1927

Saint Cecile.   When then.
Saint Anne.
Saint Answers.   Saints when.
Saint Chavez.   Saints when ten.
Saint Cecile.   Ten.
Saint Answers.   Ten.
Saint Chavez.   Ten.
Saint Settlement.   Ten.
Saint, Plan.   Ten.
Saint Anne.   Ten.
Saint Plan.   Ten.
Saint Plan.   Ten.
Saint Plan.   Ten.

Santa Cecília.   Se quer.

Santana.

Santa Resposta.   Santos se.

São Chavez.   Santos se dez.

Santa Cecília.   Dez.

Santa Resposta.   Dez.

São Chavez.   Dez.

São Fundamento.   Dez.

São Plano.   Dez.

Santana.   Dez.

São Plano.   Dez.

São Plano.   Dez.

São Plano.   Dez.

from
l i s t e n   t o   m e

Fourth Act.	And what is the air.
Fourth Act.	The air is there.
Fourth Act.	The air is there which is where it is.

Kindly notice that is all one syllable and therefore useful. It makes no feeling, it has a promise, it is a delight, it needs no encouragement, it is full.

Fourth Act.	The air if full
Fourth Act.	Of course the air is full
Fourth Act.	Full of what
Fourth Act.	Full of it.
Fourth Act.	The air is full of it
Fourth Act.	Of course the air is full o fit.
Fourth Act.	Of course
Fourth Act.	The air
Fourth Act.	Is full
Fourth Act.	Of it.

de

escute aqui

Quarto Ato.   E o que é o ar.

Quarto Ato.   O ar é lá.

Quarto Ato.   O ar é lá no que há no ar.

Por gentileza observem que tudo é de uma só sílaba e pois útil. Não produz sentimento, contém uma promessa, é um prazer, não necessita de estímulo, é só.

Quarto Ato.   O ar é só

Quarto Ato.   Sim o ar é só

Quarto Ato.   Só de que

Quarto Ato.   O ar é só de ar.

Quarto Ato.   Sim o ar é só de ar.

Quarto Ato.   Sim

Quarto Ato.   O ar

Quarto Ato.   É só

Quarto Ato.   De ar.

1936

wallace
stevens

wallace stevens
a era e a idade

No excelente ensaio "Pound/Stevens: Whose Era?" (Pound/Stevens: de Quem a Era?), incluído em seu livro *The Dance of the Intellect*[1], Marjorie Perloff confronta Ezra Pound e Wallace Stevens, tais como se apresentam polarizados na perspectiva de Hugh Kenner e de Harold Bloom, como figuras antitéticas. O primeiro como o poeta da modernidade, da colagem, da citação e do conversacional, o poeta da construção e do *make it new*; o segundo como o poeta neorromântico do subjetivo atemporal e da meditação pós-simbolista, o poeta da expressão e do *make it old*. A questão é relevante e está bem posta e sustentada, mas não se resolve assim tão facilmente. É que, embora tais angulações se respaldem em certos traços distintivos e identifiquem uma caracterologia

---

1. Cambridge University Press, 1985.

ensaística (a crítica conservadora pende inelutavelmente para Stevens do mesmo passo que a de visada moderna se inclina para Pound), é mais difícil explicar porque Stevens está longe de ser descartável dos quadros da poesia moderna, apesar de todos os anacronismos que lhe podem ser imputados. A própria Marjorie Perloff não se cansa de manifestar a sua admiração por ele: situa-o, ao lado de Joyce, como um "grande contemporâneo de Pound" e refere-se a ambos (Pound e Stevens) como "dois grandes Modernistas". E em livro mais recente, o provocativo *Wittgenstein's Ladder*[2], aproxima o universo do *Tractatus Logico-Philosophicus* "dos manifestos gnômicos e aforísticos de Maliévitch" e "dos poemas meditativos de Stevens".

Talvez uma das razões dessa contradição esteja em que não se pode, sem empobrecimento conceitual, confundir *tout court* com a dos poetas do romantismo a linguagem de Stevens, nem a poesia do "eu" subjetivo (intimista e confessional) com a da consciência subjetiva (impessoal e abstrata), por mais que se comuniquem esses universos interiores. Uma coisa é a estratégia conservadora de querer usar o "conforto espiritual" da poesia lírico-medidativa de Stevens contra os exigentes "atos de discriminação" do vórtex colagístico poundiano – tarefa menor e facilmente desmascarável, que não leva a mais que aos ouropéis sofisticados da mascarada tardo-romântica de um Harold Bloom. Outra coisa é considerar que nenhum objetivismo estético elimina a inquietação subjetiva do ser humano e que não se pode, a não ser para efeito de atuação estética episódica e pragmática, proscrever como coisa do passado o reservatório emocional e a atividade simbólica do ser humano. "O que em mim sente está pensando", disse Fernando Pessoa, um poeta em que coexistiram várias pessoas de poeta e que tanto conviveu com o futurismo coloquial de Álvaro de Campos e

2. Chicago University Press, 1996

com o realismo conceitual de Alberto Caeiro como com o interseccionismo das imagens oníricas que ele próprio, como Pessoa, assinou. A "definição precisa" poundiana, ligada aos princípios imagistas (tratamento direto da "coisa", subjetiva ou objetiva, não usar nenhuma ideia supérflua, nenhum adjetivo não justificado etc.), extraída do seu contexto incidental, é um conceito, que, no universo linguístico próprio da poesia, passa por um crivo maior, de natureza estética. De tal sorte que se poderia afirmar que, dessa perspectiva mais abrangente, o soneto em *yx*, de Mallarmé, é uma expressão absoluta da *precise definition* – nada aí é supérfluo ou não objetivo, qualquer palavra que se substitua ou desloque viola o sistema estrutural do poema e interfere negativamente impedindo que ele se cristalize como poesia, a "matemática inspirada" de que fala o próprio Pound.

O que caracteriza a condição do poeta moderno não é tanto a objetividade exteriorizante ou a introspecção lírica mas a autonomia do discurso poético, permitindo uma descontinuidade experiencial que bloqueia tanto o confessional como o convencional e induz a uma poesia-crítica, neutralizadora do sentimentalismo e da autocomplacência típicos do Romantismo na sua dimensão mais vulgar. É claro que essas vulgaridades inexistem na alta poesia de um Keats ou de um Hoelderlin, mas estes são na verdade, se bem entendidos, precursores transtemporais da modernidade em termos de essencialização da linguagem poética.

Nesse sentido, se a poesia de Pound é sintomática da descontinuidade perceptiva agenciada pelo colagismo ideogrâmico, a de Stevens atua na descontinuidade das camadas subjetivas. Num caso a metonímia, noutro a metáfora predominam como articuladoras de tal processo, em ambos presididas por uma acentuada exigência de precisão vocabular. E se Stevens parece propender para o território das abstrações mallarmeanas, preferindo os *clusters* imagéticos da arte da sugestão simbolista ao feixe convergente de imagens projetado pelos imagistas, não se pode esquecer que ele é um poeta atento para a precisão do impreciso, um poeta para o qual mesmo as *fluttering things* (as coisas esvoaçantes) têm uma *distinct shade* (sombra nítida). Nem se mostra ele totalmente infenso ao imagismo poundiano, já que as suas metáforas trabalham com concreções e sínteses, ainda que dentro de um conceitual abstratizado. O imagismo estava em voga quando Stevens teve alguns dos seus primeiros poemas publicados na revista *Poetry* (1914) de Harriet Monroe, e seu primeiro livro, *Harmonium*, é de 1923. Não é preciso esforço para aproximar um poema como "Le Monocle de Mon Oncle" de "Portrait d'une Femme" de Pound, nem "The Worms at Heaven's Gate" de "The Tomb at Akr Saar" ("I am thy soul, Nikoptis") ou "Tattoo" ("The light is like a spider") de "Girl" ("The tree has entered my hands") do mesmo Pound. Stevens ficaria a meio caminho entre esse Pound inicial (caminhando do arcaizante para o imagista) e o Yeats modernizante (influenciado por Pound) dos poemas de Bizâncio ou de "Among School Children". É verdade que Stevens é um moderado usuário do verso livre. Mas não se pode dizer que seu verso, comparativamente mais normatizável, seja ortodoxo, nem que sua linguagem seja normativa. Ao contrário, as ambíguas incursões prosaizantes, os dúbios estilemas filosóficos, o vocabulário inusitado, os desvios de sua sintaxe elíptica e mesmo da lassidão rítmica dos seus pentâmetros, projetam-no num campo de especulações característico das poéticas modernas.

Em "Le Monocle de Mon Oncle" (1918), como em muitos dos poemas da última fase de Yeats, o tema do envelhecimento é tratado com distanciamento e despersonalização e, no caso de Stevens, com laforguiana ironia – traço que condivide com o Eliot de "Conversation Galante" ("I observe: 'Our sentimental friend the moon!'"). Stevens poderia ter assinado a linha inicial de "Portrait d'une Femme", de Pound: "Your mind and you are our Sargasso Sea". E outras. Pound: "No! there is nothing! In the whole and all, / Nothing that is quite you own. / Yet this is you". (Stevens, "Le Monocle"): "There is not nothing, no, no, never nothing, / Like the clashed edges of two words that kill. [...] The sea of spuming thought foists up again / The radiant bubble that she was". Suas elucubrações sobre o amor e a circunstância humana são mais difíceis de seguir, mas sua torcicolosa reflexão é atravessada por imagens vivas (os amantes envelhecidos como abóboras ao vento, a maçã como uma caveira, pirilampos, grilos, um sapo, um pombo azul, o poeta como um rabi negro ou róseo a especular sobre a essência do homem e do amor).

O Stevens de *Harmonium* e dos primeiros tempos é mais imagístico e menos discursivo e filosofante que o da última fase. Pode-se recriminar neste a crescente perda de equilíbrio entre imagem e conceito, a incongruência solipsista de um discurso idiolético que foi diminuindo o *animus* poético na mesma medida em que aumentou a prolixidade argumentativa. Mas hoje, com a voga da poesia não referencial, quando até mesmo as insossas e algo frívolas "Stanzas in Meditation" de Gertrude Stein são encaradas com total seriedade, e absorvidas como oráculos filosofais, os poemas meditativos de Stevens, mesmo os mais áridos e opacos, parecem refulgir com brilhos de pedraria que já começam a ser desdenhados como excessiva poetização frente à gramatologia anatômica que se pressupõe adequada aos textos (não necessariamente) poéticos de agora. Tanto melhor para Stevens, que se vê aproximar, por contiguidade, dos grandes *verse-makers*, seus contemporâneos, como Pound ou Eliot. Stevens é, aliás, um poeta de versos – versos pedras de toque – a que a sua dicção híbrida, infiltrada de insólitos vocábulos do latim, do francês, do italiano, do espanhol, dá um colorido peculiar. Ver em "Le Monocle de Mon Oncle", além do título-calembur, a predileção por vocábulos de origem francesa como *conaissance* e *coiffures*. Ou no epigramático "To the roaring wind", que belamente encerra o volume de *Harmonium*, aquele inesperado "vocalissimus" – um latiníssimo vocativo-evocativo que atravessa, como um relâmpago sonoro. a textura caco-saxônica do poema, por entre as diluidas reverberações latinas de *syllable* e *distances*:

> What syllable are you seeking,
> Vocalissimus,
> In the distances of sleep?
> Speak it.

Com exceção desse texto – objeto de uma recente "intradução", na qual busco recriar com liberdade icônica e formal e olhos de hoje – "olhar digital", se assim posso dizer –, a fulgurante epifania stevensiana, e de "Le Monocle de Mon Oncle", na presente versão, revista e completada, os poemas que se integram a este volume foram traduzidos nos anos de 1950. Todos eles pertencem ao livro de estreia de Stevens, *Harmonium*. Mário Faustino publicou no Suplemento Literário do *Jornal do Brasil* em 6 de outubro de 1957, a primeira versão que eu fiz de três estrofes de "Le Monocle de Mon Oncle" (pouco depois, em 1º de dezembro de 1957, divulgaria a tradução de Haroldo de Campos do poema "Study of two Pears", com uma nota por este assinada sobre o "objetivismo" de Stevens). "Negro rabi, quando jovem", impressionei-me fora do tempo por "Le Monocle de Mon Oncle", esse poema sibilino de reflexão sobre o amor pós-meridiano, cuja tradução só vim a completar há alguns anos atrás. Reproduzo aqui a primeira tentativa, que pode ter algum interesse para os estudiosos do difícil ofício. Não me preocupei, então, com a contagem silábica, fixando-me num pentâmetro topológico que agora, na versão integral, ajustei mais ortodoxamente ao decassílabo. Na verdade, poucas linhas da versão antiga, mais literal, foram mantidas (as que ficaram vão aqui destacadas em itálico):

De "Le Monocle de Mon Oncle"

I

"Mãe dos céus, regina das nuvens,
Oh cetro do sol, coroa da lua,
Não há nada, não, nada tão belo como
O conflito dos gumes de dois verbos que matam".
Assim, em modo pomposo, escarneci
Dela. Ou era de mim que escarnecia?
Gostaria de ser uma pedra pensante.
O mar de espumosas ideias traz de novo
A iridescente bolha que ela foi. E então
O jato de uma fonte mais salgada,
Dentro de mim, explode sua sílaba de água.

VI

Se os homens, quando cheguem aos quarenta
Anos, estiverem pintando lagos, o que era azul
Efêmero deverá num só fundir-se,
O básico matiz, a tinta universal.
Há uma substância em nós que prevalece.
Mas em nossos amores discernem os amoristas
Tanta flutuação que a sua própria escrita perde
O fôlego a seguir cada sinuosa volta.
Quando a calvície ataca os amoristas, encolhem-se
Os amores então ao limite e currículo
Dos exílios introspectivos, doutrinando.
Este é um tema para jacintos somente.

XII

Um pombo azul o que o céu azul circunda,
A asa inclinada, em ronda, à roda, à roda.
Um pombo branco o que até o solo flutua,
Exausto de voo. Negro rabi, quando jovem,
Observei, em altivo estudo, a essência do homem.
Dia após dia achei que o homem vinha
Provar um pouco do meu mundo de pedaços.
Róseo rabi, mais tarde, persegui
E ainda persigo a origem e o curso
Do amor, mas até hoje não sabia
Que as coisas móveis têm uma sombra tão certa.

Desmesurada e pouco inventiva, tem um laivo de ressentimento a fórmula infeliz proposta por Harold Bloom quando quer opor ao *dictum* kenneriano ("The Pound Era"), um contrafeito "The Age of Stevens" (para não dizer The Stevens Era...). Poeta disfarçado de agente de seguros, Stevens não se expôs aos riscos peripatéticos de Pound, não foi tão generoso e influente como ele, nem tão responsivo ao que "the Age demanded". Se a Era não fosse de Pound seria antes de Eliot, também grande, criador de The *Waste Land*, um dos maiores poemas da modernidade, e, para o bem ou para o mal, nobelizado, como Yeats, com todas as pompas do seu tempo. Por outro lado, a expressão acadêmica "The Age of Stevens", que o próprio Bloom se apressa a ressalvar, ostenta certa ambiguidade com a ideia de velhice que não há de ser palatável aos admiradores-conservadores do poeta.

Nós, que o admiramos sem querer convertê-lo em patrono de poéticas regressivas, preferimos não excluí-lo da perspectiva da modernidade. E vê-lo, antes, como um inclassificável fabricante de sonhos verbais, um abstracionista de dicção original e única, um arquiteto de "versos movediços", que foi capaz de desautomatizar "robôs-palavras" e de dar à sua língua inéditas inflexões. Em meio aos gigantes de sua geração, Wallace Stevens soube extrair do seu harmônio aparentemente anacrônico estranhas dissonâncias e dissidências, destemperando-o e fazendo dele um instrumento de sonoridades imprevistas, sensível às transformações do seu tempo.

le monocle de mon oncle

I

"Mother of heaven, regina of the clouds,
O sceptre of the sun, crown of the moon,
There is not nothing, no, no, never nothing,
Like the clashed edges of two words that kill."
And so I mocked her in magnificent measure.
Or was it that I mocked myself alone?
I wish that I might be a thinking stone.
The sea of spuming thoughts foists up again
The radiant bubble that she was. And then
A deep up-pouring from some saltier well
Within me, bursts its watery syllable.

II

A red bird flies across the golden floor.
It is a red bird that seeks out his choir
Among the choirs of wind and wet and wing.
A torrent will fall from him when he finds.
Shall I uncrumple this much-crumpled thing?
I am a man of fortune greeting heirs;
For it has come that thus I greet the Spring.
These choirs of welcome choir for me farewell.
No Spring can follow past meridian.
Yet you persist with anecdotal bliss
To make believe a starry *connaissance*.

le monocle de mon oncle

I

"Mater dos céus, regina-mãe das nuvens,
Cetro do sol, ó solidéu da lua,
Não há nada, não, não, nada jamais
Como o choque de dois verbos mortais."
Era dela que eu ria triunfante-
Mente ou era de mim mesmo que eu ria?
Antes eu fosse uma pedra pensante.
Espumas do pensar trazem à tona a
Radiante bolha que ela foi. E então,
O jato de uma fonte mais salgada
Explode em mim a sílaba de água.

II

A ave vermelha voa em chão de ouro.
Voo vermelho em busca do seu coro
Entre os coros de ar e água e asa.
Um jorro sai de si quando ele o achar.
Devo desenredar este enredado?
Um grão-senhor saúda os seus herdeiros:
Meu modo de saudar a primavera.
Coros de boas-vindas que me adeusam.
Primavera não há pós-meio-dia.
Mas vais com anedótica alegria
Fingindo *connaissance* constelar.

1918

III

Is it for nothing, then, that old Chinese
Sat titivating by their mountain pools
Or in the Yangtse studied out their beards?
I shall not play the flat historic scale.
You know how Utamaro's beauties sought
The end of love in their all-speaking braids.
You know the mountainous coiffures of Bath.
Alas! Have all the barbers lived in vain
That not one curl in Nature has survived?
Why, without pity on these studious ghosts,
Do you come dripping in your hair from sleep?

IV

This luscious and impeccable fruit of life
Falls, it appears, of its own weight to earth.
When you were Eve, its acrid juice was sweet,
Untasted, in its heavenly, orchard air –
An apple serves as well as any skull
To be the book in which to read a round,
And is as excellent, in that it is composed
Of what, like skulls, comes rotting back to ground.
But it excels in this that as the fruit
Of love, it is a book too mad to read
Before one merely reads to pass the time.

III

Foi para nada então que os velhos chins
Miravam-se nos lagos das montanhas
Ou no Iangtsé frisavam suas barbas?
Não quero a escala linear da história.
Sabemos como as damas de Utamaro
Punham fim ao amor nas tranças tristes.
Vide as *coiffures* monumentais de Bath.
Terão vivido em vão tantos barbeiros
Sem legar um só cacho à Natureza?
Como, sem pena de tão doutas almas,
Acordas com cabelos encharcados?

IV

O impecável, solar fruto da vida
Cai por seu próprio peso sobre a terra.
Quando eras Eva a seiva era suave,
E ele, intacto, em celeste ar de pomar.
A maçã serve tanto quanto um crânio
Para ser livro onde se ler um círculo
Vicioso, por ser feita do que volve
Ao solo, como um crânio, apodrecendo.
Mas o supera por ser, como fruto
Do amor, louca demais para ser lida
Enquanto não se lê por passatempo.

V

In the high west there burns a furious star.
It is for fiery boys that star was set
And for sweet-smelling virgins close to them.
The measure of the intensity of love
Is measure, also, of the verve of earth.
For me; the firefly's quick, electric stroke
Ticks tediously the time of one more year.
And you? Remember how the crickets came
Out of their mother grass, like little kin...
In the pale nights, when your first imagery
Found inklings of your bond to all that dust.

VI

If men at forty will be painting lakes
The ephemeral blues must merge for them in one,
The basic slate, the universal hue.
There is a substance in us that prevails.
But in our amours amorists discern
Such fluctuations that their scrivening
Is breathless to attend each quirky turn.
When amorists grow bald, then amours shrink
Into the compass and curriculum
Of introspective exiles, lecturing.
It is a theme for Hyacinth alone.

V

Queima no oeste uma furiosa estrela.
É por jovens fogosos que ela estua
E virgens oleolentes a seu lado.
A medida da vibração do amor
Mede, também, a verve que há na terra.
O elétrico pulsar de um pirilampo
Traça com tédio o tempo: mais um ano.
E você? Lembra como os grilos vieram
Da relva-mater, mínimos parentes?
Nas noites nuas, teus primeiros ícones
Liam signos afins em cada pó.

VI

Se os homens pintam lagos aos quarenta,
O que é fugaz no azul deve fundir-se
Num básico matiz, a tinta universal.
Há uma substância em nós que prevalece.
Mas em nossos amores veem os amoristas
Tanta flutuação que a escrita perde
O fôlego a seguir-lhe as fiorituras.
Quando a calvície ataca os amoristas
Os amores refluem ao currículo
Do exílio introspectivo, circulando.
Um tema para Hiácintos somente.

VII

The mules that angels ride come slowly down
The blazing passes, from beyond the sun.
Descensions of their tinkling bells arrive.
These muleteers are dainty of their way.
Meantime centurions guffaw and beat
Their shrilling tankards on the table-boards.
This parable, in sense, amounts to this:
The honey of heaven may or may not come,
But that of earth both comes and goes at once.
Suppose these couries brought amid their train
A damsel heightened by eternal bloom.

VIII

Like a dull scholar, I behold, in love,
An ancient aspect touching a new mind.
It comes, it blooms, it bears its fruit and dies.
This trivial trope reveals a way of truth.
Our bloom is gone. We are the fruit thereof.
Two golden gourds distended on our vines,
We hang like warty squashes, streaked and rayed,
Into the Autumn weather, splashed with frost,
Distorted by hale fatness, turned grotesque.
The laughing sky will see the two of us
Washed into rinds by rotting winter rains.

VII

As mulas e seus anjos descem lentas
Dos vales reluzentes de além-sol.
Declínios de seus sinos soam longe.
Tais almocreves delicados passam
Enquanto centuriões riem e batem
Copas rinchantes sobre os tabuleiros.
A parábola, em suma, quer dizer:
O mel do céu pode vir ou não vir,
Mas o da terra vem e vai, de pronto.
Suponha que os arcanjos transportassem
Uma donzela eternamente em flor.

VIII

Tedioso *scholar*, vislumbrei no amor
Módulo antigo de uma nova mente.
Ele vem, flore, gera o fruto e morre.
(Um tropo trivial, porém veraz).
A flor se foi. Somos o fruto agora.
Duas cabaças de ouro em nossas vinhas,
Sob o clima outonal, rugas de neve.
Grotescos de gordura, distorcidos,
Pendemos como abóboras vincadas.
O céu que ri verá a nós ambos, crostas
Rotas sob as borrascas invernais.

IX

In verses wild with motion, full of din,
Loudened by cries, by clashes, quick and sure
As the deadly thought of men accomplishing
Their curious fates in war, come, celebrate
The faith of forty, ward of Cupido.
Most venerable heart, the lustiest conceit
Is not too lusty for your broadening.
I quiz all sounds, all thoughts, all everything
For the music and manner of the paladins
To make oblation fit. Where shall I find
Bravura adequate to this great hymn?

X

The fops of fancy in their poems leave
Memorabilia of the mystic sprouts,
Spontaneously watering their gritty soils.
I am a yeoman, as such fellows go.
I know no magic trees, no balmy boughs,
No silver-ruddy, gold-vermilion fruits.
But, after all, I know a tree that bears
A semblance to the thing I have in mind.
It stands gigantic, with a certain tip
To which all birds come sometime in their time.
But when they go that tip still tips the tree.

IX

Eiu versos movediços, versos-ruído
Ampliados por gritos, choques, nítidos
Como sonhos mortais de homens que cumprem
Seu destino na guerra, ah! vem, celebra a
Fé dos quarenta, guarda de Cupido!
Dom Coração, a ideia mais lasciva
Fora menos lasciva aos teus anseios.
Testo sons, pensamentos, testo tudo
Para que o som e o tom de um paladino
Justifique a oblação. Onde encontrar
Bravura digna de tão grande hino?

X

Os fãs da fantasia têm nos versos
Memorabília dos seus jorros místicos,
Espontâneo regar das almas áridas.
Sou um escriba diante desses dândis.
Não sei de árvores mágicas, balsâmicas,
Ou frutos rosa-prata, ouro-vermelhos.
Mas há, enfim, uma árvore que evoca
Um pouco da visão que tenho em mente;
Ei-la, monumental, com certa copa
À qual todas as aves vêm um dia.
Quando se vão a copa é a mesma copa.

XI

If sex were all, then every trembling hand
Could make us speak, like dolls, the wished-for words.
But note the unconscionable treachery of fate,
That makes us weep, laugh; grunt and groan, and shout
Doleful heroics, pinching gestures forth
From madness or delight, without regard
To that first foremost law. Anguishing hour!
Last night, we sat beside a pool of pink,
Clippered with lilacs, scudding the bright chromes,
Keen to the point of starlight, while a frog
Boomed from his very belly, odious chords.

XII

A blue pigeon it is, that circles the blue sky,
On side-long wing, around and round and round.
A white pigeon it is, that flutters to the ground,
Grown tired of flight. Like a dark rabbi, I
Observed, when young, the nature of mankind,
In lordly study. Every day, I found
Man proved a gobbet in my mincing world.
Like a rose rabbi, later, I pursued,
And still pursue, the origin and course
Of love, but until now I never knew
That fluttering things have so distinct a shade.

XI

Se o sexo fosse tudo, qualquer mão
Nos faria gemer robôs-palavras.
Mas é a impérvia traição do acaso
Que nos faz rir, chorar, gemer, grunhir
Doridos versos, percutindo gestos
De deleite ou delírio, independente
Daquela lei primeva. Hora-ansiedade!
Ontem à noite, a arfar em lago róseo,
Tosquiados de lis, sob belos cromos,
Já quase estrelas, nós. E eis que um batráquio
Vomita vis acordes do seu ventre.

XII

Um pombo azul circunda o céu azul,
A asa inclinada, em ronda, à roda, à roda.
Um pombo branco vem até o solo,
Já sem voo. O rabi negro que eu fui,
Em moço, perquiria a essência do homem.
Dia após dia achei que o homem era
Um naco do meu mundo de pedaços.
Róseo rabi, mais tarde, persegui
E ainda persigo a origem e o curso
Do amor, mas até hoje não sabia
Que as coisas móveis têm sombra tão certa.

t a t t o o

The light is like a spider.
It crawls over the water.
It crawls over the edges of the snow.
It crawls under your eyelids
And spreads its webs there —
Its two webs.

The webs of your eyes
Are fastened
To the flesh and bones of you
As to rafters or grass.

There are filaments of your eyes
On the surface of the water
And in the edges of the snow.

t a t u a g e m

A luz é como aranha.
Oscila sobre a água.
Oscila sobre os ângulos da neve.
Oscila sob tuas pálpebras
E estende aí as teias –
As duas teias.

As teias de teus olhos
Estão costuradas
À carne e aos ossos teus
Como à grama ou às vigas.

Há filamentos de teus olhos
À tona da água
E nos ângulos da neve.

the worms at heaven's gate

Out of the tomb, we bring Badroulbadour,
Within our bellies, we her chariot.
Here is an eye. And here are, one by one,
The lashes of that eye and its white lid.
Here is the cheek on which that lid declined,
And, finger after finger, here, the hand,
The genius of that cheek. Here are the lips,
The bundle of the body and the feet.

    .   .   .   .

Out of the tomb, we bring Badroulbadour.

os vermes no portão do céu

Da tumba vem vindo Baldroubadour,
Nossos ventres são sua carruagem.
Primeiro um olho. Os cílios, um a um,
Desse olho e em seguida a branca pálpebra.
Depois a face em que a pálpebra caía,
E dedo atrás de dedo, após, a mão,
O gênio dessa face. Ei-los, os lábios,
Todo o peso do corpo e os pés então.

.   .   .   .

Da tumba vem vindo Baldroubadour.

AO VENTO, ULULANTE

Que sílaba procuras
vocalissimus
nas jon juras do sono
So
letra
a

intradução: vocalissimus (wallace stevens)

h   a   r   t
c   r   a   n   e

hart crane
a poesia sem troféus

o pouco que se fala entre nós sobre verdadeira poesia, quase nada se fala da obra de Harold Hart Crane, nascido em Ohio, na virada do século XIX (1899), suicida aos 32 anos. Trata-se, no entanto, de um dos mais notáveis poetas norte-americanos da nossa época. Um poeta que, se não se alçou às alturas de Pound, Eliot ou Cummings, não fica nada a dever a Wallace Stevens, Marianne Moore ou William Carlos Williams. E que pode conversar de igual para igual com o poeta galês Dylan Thomas, a personalidade que mais se lhe assemelha, em vida e obra.

Uma plantação de frutas de sua avó materna, na Isla de los Pinos, em Cuba, fê-lo frequentar e amar os ares e mares do Caribe, que haveriam de inspirar--lhe todo um ciclo de poemas, o conjunto intitulado *Key West*, do qual foram extraídos três dos textos aqui divulgados. Vivendo entre Nova York (onde se fixou a partir de 1923) e a Isla de los Pinos (com uma breve incursão pela Europa) Hart Crane nunca superou – segundo seus principais estudiosos – o problema psicológico gerado pelos desentendimentos com o pai, um magnata do açúcar, e pela não assimilação dos conflitos entre este e sua mãe. Nesse problema irresolvido estaria a raiz do seu homossexualismo, assim como do alcoolismo desenfreado que, como no caso de Dylan Thomas, acabaria por conduzi-lo à morte prematura, em 1932. Voltava para Nova York, em viagem marítima, vindo da cidade de Vera Cruz, no México, onde estivera por um ano, sob o patrocínio de uma bolsa Guggenheim, com o projeto de escrever um poema sobre Montezuma; no dia 27 de abril, depois de vários episódios de embriaguez, iniciados na noite anterior, atirou-se ao mar, do convés do navio Orizaba, no Golfo do México, nas proximidades de Havana.

Marcante influência tiveram sobre ele a poesia e a crítica literária de Ezra Pound e de Eliot, e através destes, a poesia de Donne e dos "metafísicos" do barroco inglês. The Waste Land foi, declaradamente, o desafio que Crane tentou enfrentar no seu mais ambicioso projeto, o poema The Bridge, com o qual pretendeu escrever uma epopeia moderna dos Estados Unidos com alusões crípticas a um panteão de heróis paradigmáticos da poesia e das artes – Melville, Poe, Emily Dickinson, Whitman, Isadora Duncan – misturados a figuras históricas e míticas, como Cristóvão Colombo e Pocahontas (a lendária princesa pele-vermelha, que teria conseguido salvar a vida de um dos colonizadores ingleses, o capitão John Smith), ou Rip Van Winkle, descendente dos navegadores holandeses, personagem fantástico de um célebre conto de Washington Irving. Sendo Hart Crane essencialmente um poeta lírico e cultivando uma poesia de índole metafórica, distante das articulações narrativas, não logrou êxito, a meu ver, nesse empreendimento em que Pound e Eliot excederam a todos. Diferentemente de The Cantos e The Waste Land, cujo aparente fragmentarismo se solda numa bem armada colagem construtivista, The Bridge – apesar de belos momentos e belos versos – não chega a organizar-se num conjunto estruturado, afigurando-se, antes, um ajuntamento não coeso de poemas estilisticamente hesitantes entre a modernidade e a tradição. Por outros motivos, de resto, tanto William Carlos Williams como Louis Zukofsky fracassaram quando, por sua vez, se abalançaram à envergadura épica em *Patterson* e em *A*, dois poemas longos que, em última análise não passam de diluições politicamente corretas dos *Cantos* de Pound.

Mas talvez a mais congenial influência recebida por Hart Crane, leitor assíduo dos simbolistas franceses, tenha sido a de Rimbaud, poeta com que apresenta, mais do que qualquer outro, grandes afinidades. O "desregramento de todos os sentidos" poderia ser também o seu lema. Na senda aberta por Rimbaud para os voos imaginativos do inconsciente e da transracionalidade, se a aventura dadá encontrou na moderna literatura norte-americana uma antecipação *sui generis* na obra de Gertrude Stein, pode-se dizer que o espaço do surrealismo – não como dogma, mas enquanto linguagem liberta de amarras lógicas – terá encontrado em Hart Crane um livre-atirador muito peculiar. Um poeta capaz de preencher o vazio desse movimento na poética moderna norte--americana, mas numa pauta nada ortodoxa, sensível e existencial, um tanto como Lorca, nos extraordinários versos do seu *Poeta en Nueva York*, responderia às provocações de sectários menores como Dalí e Buñuel. A comparação não é despropositada, até porque esse livro, publicado postumamente em 1940, compreende poemas escritos entre 1929 e 1930, quando Lorca vivia em Nova York como estudante na Columbia University: entre os seus textos há, inclusive, uma "Ode a Walt Whitman" e um "Noturno da Brooklyn Bridge", temas caros a Hart Crane e a *The Bridge* (1930), poema inspirado na Ponte de Brooklyn, à qual, cinco anos antes, também Maiakóvski prestara a sua homenagem, descrevendo-se a contemplá-la, absorto, "como um esquimó olha para um trem".

Após a morte de Crane, o escritor Waldo Frank reuniu nos Collected Poems (1933) os dois livros publicados em vida do poeta – White Buildings de 1926, e The Bridge, ao lado da "suite do Caribe" intitulada Key West (poemas em sua maioria compostos entre 1926 e 1927) e de alguns textos esparsos ou inéditos. Uma edição mais recente, com organização de Mark Simon, feita a partir de rigoroso cotejo de documentos originais e variantes, Complete Poems of Hart Crane[1], vem a ser a coletânea mais abrangente e confiável, incluindo, além das obras publicadas, 70 outros poemas, dos quais 41 não reunidos em livro ou inéditos, e 32 incompletos.

Como Rimbaud, o poeta norte-americano faz uso de terminologia cientifizante, misturada a palavras arcaicas e neologismos. Mescla vocabulário poético e coloquial, o sermo nobilis e o sermo vulgaris, uma gramática ambígua e cheia de idiossincrasias e uma metafórica arrevezada, nem sempre clara na relação de semelhança entre os seus termos e às vezes até mesmo impenetrável. Seus ritmos, aqui e ali sincopados e instáveis, se resolvem frequentemente em versos regulares e rimados, com ênfase nos decassílabos, que clausuram muitos poemas em estrofes e linhas magníficas. Usa e abusa de aliterações, paronomásias e jogos de palavras. Crane é acima de tudo um poeta de versos estonteamente belos, que o laconismo da língua inglesa e a combinatória de um cerrado sistema sonoro-metafórico tornam, quase sempre, intraduzíveis. Veja-se o decassílabo:

"The silken skilled transmemberment of song"

Aqui os adjetivos silken (sedoso) e skilled ("hábil, sutil") se comutam ou quase anagramatizam em células sincopadas que materializam a transmutação poética explicitada no desabamento sonoro daquele inte-

---

1. New York: Liveright, 1993.

recoante *transmemberment* (neologismo: transmembramento) para, logo depois, recairem no regaço aliterativo (*song*) da canção. Não encontro um sistema absoluto de equivalências que permita traduzir esse, no mínimo, "dúctil, sutil transmembramento da canção" com que Crane alude simultaneamente ao mar, ao amor e ao próprio poema.

O mar, e o Caribe em particular, assumem um papel relevante no sistema de metáforas e alegorias que o poeta vincula à sensação de destruição e de morte. Não por acaso Crane escolheu para seu próprio desenlace vital uma *death by water*.

Durante muitos anos tive vontade de traduzir "O Carib Isle!", mas esbarrava sempre na solução da armadilha verbal que o poeta propõe logo nas primeiras linhas. Cheguei a considerar inviável a tradução criativa desse texto. Mas como em arte só interessa o impossível, não desisti, mesmo depois de vários *false starts*. A resposta ao desafio é publicada com este estudo. Em "O Carib Isle!"(1926-1931) Crane não se contenta com as muitas aliterações a partir da esplêndida abertura, "The tarantula rattling...". Na verdade, a espinha dorsal do texto, que espelha o *timor mortis* ou quem sabe o contraditório *amor mortis* do poeta numa sucessão de metáforas orgânicas e truculentas, é o jogo verbal anagramático entre "Carib" e "crab" (caranguejo) patenteado nas linhas iniciais da primeira estrofe ("... crabs... which change, subvert and anagramatize your name"). Aliterações binárias, montadas sobre os fonemas "b" e "c", reforçam e complementam essa subversão anagramática do texto. Sem chegar aos exageros analíticos do último Saussurre (quando quis vislumbrar no discurso poético um sistemático subtexto anagramático), é possível detectar, a partir das células iniciais, claros resíduos desse procedimento reverberando em vários passos do poema: *coral beach, brittle crypt, brine caked eyes, clenched beaks, carbonic*, para citar só os casos mais evidentes. Essa disseminação sonorovisual contribui decisivamente para reforçar e solidificar as imagens violentas e agônicas que a desolada paisagem caribenha desencadeia na mente do poeta, sem esquecer a carga semântica que envolve a palavra "Carib" (etimologicamente associável a "canibal" e à ideia de devoração), aqui reforçada pelo seu par anagramático "crab".

Na tradução, ante a inviabilidade de reconstituir esse par com o vocábulo "caranguejo", decidi atuar sobre os substantivos que o qualificam diretamente, chegando, com alguma liberdade semântica, a "CABRIolas" e "(E)sCRIBAs" (ressalto aqui em maiúsculas o anagrama, que pode incluir ou não a vogal "E", colocada entre parênteses). Na pauta das aliterações em "b" e "c" pratico a disseminação anagramática, especialmente em: "aR(E)Ia BRanCA", "B(E)IRA dos CoRAIs", "ColAREs BRutos", "CApitão dos doBRões", "BICos em CÃIBRA". Neste último par a palavra "cãibra', por si só, já constitui um anagrama completo ou quase completo. Como no original, a palavra-tema "Carib" explode, ao final, naquele "CARBonIc amulet" da penúltima linha, que, entre "satin" e "Satan", incorpora, capsula e catapulta os signos do Caribe e da morte na linha aliterativa final, "Sere of the sun exploded in the sea." Na solução que adotei, mantenho as aliterações sibilantes e ao mesmo tempo conecto o meu "oceano" com aqueles "cetim" e "ócio" da antepenúltima linha numa semi-rima paronomástica que busca contribuir para a explosão sonora final: "Selo de sal que o sol explode no oceano", passando, como convém, do decassílabo ao dodecassílabo (alexandrino, neste caso), para recuperar a quantidade da informação textual do idioma inglês, sempre mais breve. Em sua biografia do poeta, *The Broken Tower — The Life of Hart Crane*[2], Paul Mariani vislumbra a anagramatização do próprio nome do poeta no adjetivo "nacreous" da 2ª estrofe. Atento a essa observação, substituí a expressão "cavadas", de uma

2. New York: W.W Norton & Company, 1999.

primeira versão, por "crenadas", que me pareceu calhar bem ao contexto. Embora se trate de obra essencialmente biográfica, o estudo de Mariani é pontuado de observações estilísticas. Em "O Carib Isle!", ele assinala "a sintaxe condensada de Mallarmé", exemplificando-a com a ocultação da palavra "Neither", que deveria iniciar o poema: (Neither) the tarantula rattling...– nor...

Segundo John Unterecker, outro biógrafo de Crane, o poeta presenciou em 1926, na Isla de los Pinos, um furacão que destruíu parcialmente a casa em que ele estava. Um dado que talvez contribua para a compreensão do clima aterrorizante do poema, composto nesse mesmo ano. "Eternity", que alude explicitamente ao evento, e "Hurricane", incluído pelo poeta no conjunto Key West, foram também criados por essa época. Assim como "The Air Plant" (1927), aqui traduzido, que participa do mesmo clima sinistro e que se destaca pelo imagismo denso, pelas metáforas zoomórficas de coloratura barroca e expressionista. A dramaticidade que impregna tais poemas os distingue, desde logo, das produções homólogas de Wallace Stevens, que podem ter influenciado Crane com sua refinada linguagem pós-simbolista e abstratizante. É o caso de "Garden Abstract" (1920), que se aproxima também de certos poemas da primeira fase de Pound, como "The Tree". Mas basta comparar as composições do ciclo caribenho com poemas como "Fabliau of Florida", "O Florida, Venereal Soil" ou "Floral Decorations for Bananas" para perceber o quanto a visão patética de Crane se distancia da neutralidade crítica com que Stevens passeia o seu olhar sofisticado e sibilino pela paisagem das ilhas do sul.

Outro poema que me agrada muito, do mesmo ciclo caribenho, é "Imperator Victus" (1927), que, através do seu esfíngico minimalismo, me parece uma sutil elegia às civilizações indígenas e pré-colombianas da América, que fascinavam Hart Crane. Fiz a sua tradução há pelo menos

30 anos e agora a divulgo com algumas correções (a nova edição dos *Collected Poems* contém uma estrofe a mais), numa montagem que associa o texto à imagem de uma antiga estátua incaica. O tema interessou ao nosso Sousândrade, que o desenvolveu no Canto 11 de *O Guesa*, cujo "Inferno de Wall Street" foi lembrado, aliás, como "um poema longo multivocal", ao lado de *The Bridge*, pelo crítico norte-americano Eliot Weinberger (*Works on Paper*, 1986). Ataualpa, o imperador inca, e Pocahontas, a heroína pele-vermelha dos primórdios da história norte-americana, fazem parte, entre outros, do acervo comum de referências dos dois poetas, que têm a aproximá-los, especialmente nesses dois poemas, a tipologia barroquista da linguagem e da concepção épico-fragmentária.

"Medusa" (1916-18) e "Viagens III" (poema de um ciclo de seis, compostos entre 1921 e 1926) integram também a nossa seleção. "Medusa", um inédito divulgado por Marc Simon em *Complete Poems of Hart Crane*, se aparenta a "Imperator Victus" pela concisão, notabilizando-se pela surpreendente linha final, que resume a trágica metamorfose do suposto interlocutor numa única palavra. "Viagens III" é um poema de amor, curioso por contrastar a densa e críptica pseudo-narrativa dos versos que o compõem com o discurso claro e singelo da última linha, como que a solução de um enigma vital. É nele que se embute o já assinalado "sutil transmembramento da canção".

A morbidez imaginativa, a metafórica orgânica, direta e concentrada, e as sonoridades inconvencionais de Crane fazem pensar nas "imagens intrincadas" da "poesia glandular" de Dylan Thomas, como ele influenciado pelos "poetas metafísicos", não só pela concretude e complexidade das imagens, mas também ideologicamente, naquilo que Walford Davies identifica como sendo "a obsessão metafísica de encurtar a distância entre a vida e a morte, criando imagens de uma em termos da outra". Dylan escreveu certa vez: "Toda ideia, intuitiva ou intelectual, pode ser transformada em imagem e traduzida em termos do corpo, sua carne, pele, sangue, nervos, veias, glândulas, órgãos, células ou sentidos. Por meio de minha pequena ilha cercada de ossos aprendi tudo o que eu sei, experimentei tudo e senti tudo". E, ainda: "Gosto das coisas que são difíceis de escrever e difíceis de entender... Gosto de contradizer minhas imagens, dizendo duas coisas de uma vez numa palavra, quatro em duas e uma em seis". A afinidade chega à invocação comum de alguns personagens incomuns, como Rip Van Winkle, e ao próprio vocabulário, ainda que o de Crane seja bem mais parcimonioso. Por exemplo, no poema "In my Craft or Sullen Art" (1945) Dylan Thomas utiliza o adjetivo "spindrift" ("Not for the proud man apart / From the raging moon I write / On these spindrift pages"), o mesmo que Crane "encontrara", vinte anos antes, após baldados esforços para fechar a última linha do poema "Voyage II": "The seal's white spindrift gaze towards paradise". Um eco inquestionável, se concentramos a atenção nos sintagmas essenciais: "spindrift gaze" (olhar de espuma), "spindrift pages" (páginas de espuma). À linha "the silken skilled transmemberment of song" Dylan poderia responder com "for my sulking, skulking, coal black soul!" ("Lament", 1951). Mas para propiciar um maior vislumbre das coincidências estilísticas, aqui vão alguns trechos de "Especially in the October Wind" (1934), de Thomas, onde, como em "O Carib Isle!", metáforas afetando imagens do caranguejo e da aranha ("the spider-tongued") são projetadas numa desolada paisagem marinha: "Caught by the crabbing sun I walk on fire / And cast a shadow crab upon the land, / By the sea's side, hearing the noise of birds, / Hearing the raven cough in winter sticks", (Notar a linha do poema de Crane: "And clenched beaks coughing for the surge again!"). O poeta, apanhado pelo "sol caça-caranguejos" projeta uma "sombra de caranguejo" e se identifica, portanto, com o caranguejo, como explica William York Tyndall (*A*

Reader's Guide to Dylan Thomas)[3]. "I walk on fire", diz ele, assim como Crane, em "O Carib Isle!", identificando-se com as tartarugas aprisionadas para o sacrifício, exclama, num semelhante "tour de force": "Slagged of the hurricane – I, cast within its flow, congeal by afternoons". Em outro texto de Thomas ("Over Sir John's Hill", 1949) reencontramos cabriolantes caranguejos de areia armados de tenazes: "I open the leaves of the water at a passage / Of psalms and shadows among the pincered sandscrabs prancing / And read, in a shell, / Death clear as a buoy's bell:". A imagem do caranguejo, associada à da morte, ressurge ainda em outro poema de Thomas, numa linha brilhante de ecos-espelhos monossilábicos: "For· the crab-backed dead on the sea-bed rose" ("Ballad of the Long-legged Bait", 1941).

Em seu estudo pioneiro sobre o poeta (*Dylan Thomas: "Dog Among the Fairies"*, 1949), Henry Treece afirma que há talvez cinco poetas cujos métodos foram assimilados pela obra de Dylan, relacionando-os por ordem de possível influência: Hopkins, Hart Crane, Swinburne, Rimbaud e Francis Thompson. Quanto a Crane, acha que a sua influência raramente ultrapassa os limites do vocabulário e da fraseologia, embora admita que, dentro desses limites, as similaridades são impressionantes. Indagado por ele, Dylan replicou: "Três ou quatro anos atrás, um poeta que lera parte da minha obra me disse que Crane era a mais óbvia influência morderna em minha poesia. Mostrou-se surpreso e a princípio incrédulo quando eu lhe disse que nunca tinha ouvido falar de Crane. Exibiu-me então alguns poemas de Crane e eu pude entender o que ele queria dizer: havia, de fato, duas ou três frases quase idênticas, e muito de sua sonoridade parecia semelhante. A partir de então, li todos os poemas de Crane, e embora eu agora perceba que a semelhança entre a sua poesia e a minha é muito pequena, posso

3. New York: The Noonday Press, 1962.

entender por que algumas pessoas pensam que eu fui influenciado por ela". Influência ou não, a afinidade, pelo menos, é inquestionável. O poeta E.E. Cummings, que foi amigo de Crane, e frequentava os mesmos círculos boêmios da Greenwich Village, sanciona, de um ângulo mais existencial, a aproximação entre os dois poetas:

em nosso primeiro encontro reconheci seu [o de Dylan Thomas] parentesco com um velho amigo meu – um verdadeiro poeta, generoso & bravo, dotado de imensa vitalidade & completa honestidade: o qual (em seu modo inimaginavelmente perverso) estava indo em velocidade mortal para uma condenação da qual ninguém conseguia sequer começar a salvá-lo. I. é, Hart Crane e Dylan Thomas me impressionaram como duas variações perfeitamente autênticas do Tema do Poète Maudit: Crane sendo de longe o fenômeno mais expressivo. (carta a Hildegarde Watson, 1959).

Hart Crane faz lembrar ainda, pelas metáforas premonitórias da morte, pela hesitação entre o verso tradicional e o livre, e, enfim, pela mesma obsessão do poema longo, que contrariava a sua índole de poeta lírico, o nosso Mário Faustino, morto também aos 32 anos, em 1962, num acidente aéreo nos Andes. Pense-se em versos como: " Madrugada cruel de um albatroz / Zombado pelo sol – " ("Mito"). Ou ainda (tema da tartaruga): "fóssil flexível / rolado no sal / sujo da maré curva / mãos torcidas / vertentes retorcidas / torso mole privado de coluna / 'um mal sem gravidade' / sem gravidade / caído contra o peito / o morto / queixo / a tartaruga" ("Marginal Poema 19"). Em 1956, Faustino traduziu dois poemas de Crane, "Praise for an Urn" e "Garden Abstract". Não são, porém, traduções criativas. Antes, versões quase literais, de cunho didático, para a sua "Página-Experiência" no Suplemento

Literário do *Jornal do Brasil*. Quando se torna mais dissonante e arriscado, como no caso de "O Carib Isle!", Crane se avizinha da linguagem metafórica posta em prática, em sua primeira fase, por Haroldo de Campos ("– O Mar, coração cardial / Crivado de espadartes / E no peito de dura substância marinha / Como imensa tatuagem a fósforo e santelmo / O esqueleto de coral de todos os seus mortos." ("Thálassa thálassa", 1951). Ou: "Ornitorrinco, animal litúrgico, ocarinas silvestres e ouriços marinhos disputam o teu sexo ambíguo." ("Ciropédia ou a Educação do Príncipe", 1952). E se aproxima, talvez ainda mais, da poesia da mesma época de Décio Pignatari, trazendo à mente, em particular, os versos tensos e angulosos do poeta de "Périplo de Agosto a Água e Sal", 1949: "No tombadilho dos loucos onde / Os galos de rinha derreados diluem esporas na cerveja"; de "O Jogral e a Prostituta Negra", 1949: "É a hora carbôni-/ca e o sol em mormaço / entre sonhando e insone.[...] Teu lustre em volutas (polvo / barroco sopesando sete / laranjas podres) [...] Minérios, flora e cartilagem / acodem com dois moluscos / murchos e cansados,"; ou de "Hidrofobia em Canárias", 1951: "Raiva a si mesma a raiva com vitríolo, / se aos domingos não traio quem delira / de um outro cio, viril para exilados, / quando em Canária açulam-se as membranas / uivantes como véus ao tímpano das sarças!".

Dentre os poemas de Hart Crane, um dos mais divulgados é "Praise for an Urn" (Louvor a uma Urna), que ele escreveu entre os 22 e os 23 anos, e que foi depois incluído na coletânea *The White Buildings*. Dedicado ao amigo Ernest Nelson, que morrera jovem, se não apresenta as complexidades das fases posteriores do poeta, tem algo dos característicos truncamentos do seu estilo elíptico e impressiona vivamente pela áspera contensão de irônica amargura, acusando influências de Laforgue e de Eliot. A minha tradução, bastante livre, procura manter, além do sentido orgânico geral do poema, o *staccato* e o pique emotivo-conciso do original, perdendo alguns detalhes em função da preservação do ritmo, mas ganhando, eu suponho, coesão estrutural e surpresa poética, inclusive com o acréscimo das rimas que o original não contém, de forma a fazer da versão um poema palatável em português e não o típico vale-tudo das traduções-dublagem rotineiras. A última e enigmática estrofe bem se poderia aplicar a uma definição da poesia – pragmática do inútil – e do poeta, cujos "idiomas" impotentes nada mais fazem que radiografar a circunstância humana, para logo se perderem na contraluz da margem, longe dos triunfos e dos "troféus do sol".

praise for an urn

In Memoriam: Ernest Nelson

It was a kind and northern face
That mingled in such exile guise
The everlasting eyes of Pierrot
And, of Gargantua, the laughter.

His thoughts, delivered to me
From the white coverlet and pillow,
I see now, were inheritances–
Delicate riders of the storm.

The slant moon on the slanting hill
Once moved us toward presentiments
Of what the dead keep, living still,
And such assessments of the soul

As, perched in the crematory lobby,
The insistent clock commented on,
Touching as well upon our praise
Of glories proper to the time.

louvor a uma urna

In Memoriam: Ernest Nelson

Era do norte o rosto terno
De falso exilado, juntando
De Pierrô o olhar eterno
E a gargalhada de Gargântua.

Os sonhos que me confiava
Do travesseiro branco, insone,
Agora eu sei, eram heranças –
Corcéis suaves do ciclone.

No monte oblíquo a lua oblíqua
Nos deu presságios indistintos
Do que ainda vivo o morto abriga,
Questões da alma e dos instintos,

Iguais às que, no crematório,
Do alto o relógio remoía
Sem poupar nosso obrigatório
Louvor às glórias desse dia.

1921-22

Still, having in mind gold hair,
I cannot see that broken brow
And miss the dry sound of bees
Stretching across a lucid space.

Scatter these well-meant idioms
Into the smoky spring that fills
The suburbs, where they will be lost.
They are no trophies of the sun.

Mas ao lembrar a mecha de ouro,
Já não suporto o rosto baço
Nem as abelhas, surdo coro,
Atravessando a luz do espaço.

Espalha a cinza destes versos
Pelos subúrbios, no arrebol
Onde se perderão, dispersos.
Estes não são troféus do sol.

garden abstract

The apple on its bough is her desire, –
Shining suspension, mimic of the sun.
The bough has caught her breath up, and her voice,
Dumbly articulate in the slant and rise
Of branch on branch above her, blurs her eyes.
She is prisoner of the tree and its green fingers.

And so she comes to dream herself the tree,
The wind possessing her, weaving her young veins,
Holding her to the sky and its quick blue,
Drowning the fever of her hands in sunlight.
She has no memory, nor fear, nor hope
Beyond the grass and shadows at her feet.

jardim abstrato

A maçã no seu galho é tudo o que ela quer, –
Suspensão cintilante, mímica do sol.
O ramo arrebatou-lhe o sopro, e sua voz,
Mudamente cingida aos declives e alturas
De ramo a ramo acima, turva-lhe a visão,
Prisioneira da árvore e seus dedos verdes.

E ela se sonha enfim a própria árvore.
O vento, que a possui, tece-lhe as veias jovens,
Retendo-a para o céu e seu rápido azul,
E afoga a febre de suas mãos no sol.
Ela não tem memória, medo ou esperança
Além da grama e sombras a seus pés.

1920

v o y a g e s

III

Infinite consanguinity it bears –
This tendered theme of you that light
Retrieves from sea plains where the sky
Resigns a breast that every wave enthrones;
While ribboned water lanes I wind
Are laved and scattered with no stroke
Wide from your side, whereto this hour
The sea lifts, also, reliquary hands.

And so, admitted through black swollen gates
That must arrest all distance otherwise, –
Past whirling pillars and lithe pediments,
Light wrestling there incessantly with light,
Star kissing star through wave on wave unto
Your body rocking!
              and where death, if shed,
Presumes no carnage, but this single change, –
Upon the steep floor flung from dawn to dawn
The silken skilled transmemberment of song;

Permit me voyage, love, into your hands...

v i a g e n s

III

Há uma infinita consanguinidade
No tema que me estendes e que a luz
Traz dos campos marinhos onde o céu
Renega um seio à onda que o entoa,
Enquanto eu sulco as rotas de estilhaços
Lavados e esparzidos sem um golpe
Ao largo do teu flanco, aonde nesta hora
O mar ergue, também, mãos relicárias.

Admitido a portões negros, inflados,
Que soem sofrear toda a distância,
Sob pilares em ronda e tetos tontos,
A luz em luta eterna contra a luz,
Estrela amando estrela de onda a onda até
A dança do teu corpo!
                          lá onde a morte
Não é carnificina mas só mutação, –
No fundo fim a flux de aurora a aurora,
Dúctil, sutil transmembramento da canção;

Consente, amor, que eu viaje em tuas mãos agora...

1921-1926

o c a r i b i s l e !

The tarantula rattling at the lily's foot
Across the feet of the dead, laid in white sand
Near the coral beach – nor zigzag fiddle crabs
Side-stilting from the path (that shift, subvert
And anagrammatize your name) – No, nothing here
Below the palsy that one eucalyptus lifts
In wrinkled shadows – mourns.

                          And yet suppose
I count these nacreous frames of tropic death,
Brutal necklaces of shells around each grave
Squared off so carefully. Then

To the white sand I may speak a name, fertile
Albeit in a stranger tongue. Tree names, flower names
Deliberate, gainsay death's brittle crypt. Meanwhile
The wind that knots itself in one great death –
Coils and withdraws. So syllables want breath.

But where is the Captain of this doubloon isle
Without a turnstile? Who but catchword crabs
Patrols the dry groins of the underbrush?
What man, or What
Is Commissioner of mildew throughout the ambushed senses?
His Carib mathematics web the eyes' baked lenses!

ó ilha do caribe!

A tarântula trôpega diante de um lírio,
Por entre os pés dos mortos, postos na areia branca
À beira dos corais – caranguejos cabriolas
Em zigzag na estrada (que saqueiam, subvertem
E anagramatizam teu nome) – Não, nada aqui,
Sob o torpor que um eucalipto alteia
Em sombras rotas – chora.

Mas, e se eu contar
Os dons de nácar dessas tropicais necroses,
Colares brutos, conchas, ao redor das tumbas
Crenadas com cuidado. Então

À areia branca hei de dizer um nome, fértil
Ainda que em língua estranha. Nomes de árvores, de flores
Negam a frágil cripta funerária. Devagar
O vento que se algema numa grande morte
Se dobra e se retrai. Sílabas pedem ar.

Mas onde o Capitão dos dobrões desta ilha
Sem cercas? Quem, salvo esses escribas caranguejos,
Patrulha as virilhas secas dos abrolhos?
Que homem, ou O Que
É o Fiscal do bolor para a tocaia dos sentidos?
A álgebra do Caribe enreda as lentes tórridas dos olhos!

1926

hart

Under the poinciana, of a noon or afternoon
Let fiery blossoms clot the light, render my ghost
Sieved upward, white and black along the air
Until it meets the blue's comedian host.

Let not the pilgrim see himself again
For slow evisceration bound like those huge terrapin
Each daybreak on the wharf, their brine caked eyes;
— Spiked, overturned; such thunder in their strain!
And clenched beaks coughing for the surge again!

Slagged of the hurricane — I, cast within its flow,
Congeal by afternoons here, satin and vacant.
You have given me the shell, Satan, — carbonic amulet
Sere of the sun exploded in the sea.

Sob a poinciana, ao sol ou ao sol-posto,
Que os grãos de fogo em coágulos de luz
Filtrem o meu fantasma, branco e preto no ar,
Até encontrar o cômico anfitrião do azul.

Que o peregrino não se veja mais
Toda manhã no cais pregado como as grandes tartarugas
Para a lenta evisceração, os olhos duros de salmoura;
– Presas, de costas: que trovão em sua luta!
Bicos em cãibra à espera da maré vindoura!

Lixo do furacão, arrastado em seu fluxo,
Congelo-me entre ocasos, em cetim e ócio.
Dá-me a concha, Satã, – carbônico amuleto,
Selo de sal que o sol explode no oceano.

the air plant

Grand Cayman

This tuft that thrives on saline nothingness,
Inverted octopus with heavenward arms
Thrust parching from a palm-bole hard by the cove –
A bird almost – of almost bird alarms,

Is pulmonary to the wind that jars
Its tentacles, horrific in their lurch.
The lizard's throat, held bloated for a fiy,
Balloons but warily from this throbbing perch.

The needles and hack-saws of cactus bleed
A milk of earth when stricken off the stalk;
But this, – defenseless, thornless, sheds no blood,
Almost no shadow – but the air's thin talk.

Angelic Dynamo! Ventriloquist of the Blue!
While beachward creeps the shark-swept Spanish Main
By what conjunctions do the winds appoint
Its apotheosis, at last – the hurricane!

a p l a n t a d o a r

Grand Cayman

Esse tufo que nasce de um salobro nada,
Polvo invertido, braços para o céu,
Rebento ressequido de palmeira de angra,
Quase ave – de ave quase um escarcéu,

É pulmonar ao vento que lhe move
Os tentáculos num meneio traiçoeiro.
A goela do lagarto, absorto com a mosca,
Infla-se, cauta, nesse trêmulo poleiro.

Serras e acúleos do cactus sangram
Leite da terra quando os vão cortar,
Mas este, sem espinhos, não espalha sangue,
Quase nem sombra, só a fala do ar.

Dínamo angelical! Ventríloquo do Azul!
Enquanto o mar, covil de tubarões, se esgueira
Na praia, que conjuração dos ventos urde
O furacão – a apoteose derradeira!

1927

m e d u s a

"Fall with me
Through the frigid stars:
Fall with me
Through the raving light: –
Sink
Where is no song
But only the white hair of aged winds.

Follow
Into utterness,
Into dizzying chaos, –
The eternal boiling chaos
Of my locks!

Behold thy lover, –
Stone!"

m e d u s a

"Caia comigo
Nas estrelas frígidas
Caia comigo
Na luz do delírio
Mergulhe
Onde não há canção
Salvo as cãs dos ventos velhos.

Siga-me
Até o fim,
Até o caos estonteante
O eterno caos fervente
Dos meus cabelos!

Contemple a sua amante, –
Pedra!"

1916-18

imperator victus

Big guns again.
No speakee well
But plain.

Again, again –
And they shall tell
The Spanish Main

The Dollar from the Cross.

Big guns again.
But peace to thee,
Andean brain.

Again, again –
Peace from his Mistery
The King of Spain,

That defunct boss.

Big guns again,
Atahualpa,
Imperator Inca –

Slain.

poesia

312 da recusa   1927

IMPERATOR VICTUS

Canhões ainda.
Claro calão
Que se deslinda.

Ainda, ainda —
Denunciarão
Ao Mar a vinda

Do Dolar e da Cruz.

Canhões ainda.
Repousa em paz,
Cabeça andina.

Ainda, ainda —
A estranha paz
Do rei da Espanha.

Que morto jaz.

Canhões ainda.
Ataualpa,
Imperator Inca —

Finda.

dylan thomas

dylan thomas
o bardo rejeitado

Quando dava as cartas na editora Faber & Faber e na revista *Criterion*, T.S. Eliot recusou-se a publicar o jovem poeta. Isto ocorreu em 1933, data em que este já realizara alguns dos seus poemas mais relevantes. Anos mais tarde, Eliot faria um *mea culpa*, lamentando a impaciência que não soubera conter ao se defrontar com o que achava serem os altos e baixos da poesia de Dylan Thomas e asseverando que sempre o viu como um poeta de considerável importância. Certa vez até ajudou com algumas libras o bardo rejeitado. Mas o episódio é muito significativo e serve para evidenciar tanto o conflito de gerações, pois Eliot é indubitavelmente um grande poeta, e segundo o próprio Dylan "o melhor poeta que conheceu", quanto a originalidade do poeta galês, nascido em Swansea, em 1914 e morto em Nova York, em 1953, aos 39 anos, vitimado pelos excessos do álcool.

As ousadias de Eliot, explicitadas em *TheWaste Land*, mais que em qualquer outro poema, consistem especialmente nas colagens abruptas de citações e seu atrito com situações coloquiais. Não há *nonsense* aí. Como também não há *nonsense* nas metáforas produzidas pelo que ele classificou de *objective correlative*: exemplo clássico, extraído de "Love Song of J. Alfred Prufrock": "the evening [...] like a patient etherised upon a table (o poente [...] como um paciente eterizado numa mesa). Mesmo quando um dos elementos da metáfora venha a ser eliminado por elipse, estabelece-se a correlação objetiva através de um conjunto de objetos, uma situação, uma série de eventos que constituem a fórmula de uma emoção particular imediatamente evocada por aqueles elementos exteriores. Como no verso de John Donne em "The Relic" (A Relíquia) destacado por Eliot: "A bracelet of bright hair about the bone", que traduzi por "um bracelete de cabelos de ouro em torno do osso", evocando a mulher morta. Há uma pertinência funcional nessas imagens, que permite justificá-las, a partir da concepção de uma poesia sintética, porém estruturada lógica ou analogicamente seja por grandes cortes metonímicos seja pela interseção de planos semânticos divergentes mas compativeis numa visada geral.

Este não parece ser o caso de Dylan Thomas, ainda que os poetas "metafísicos" ingleses do século XVII possam tê-lo influenciado sob outros aspectos, como a mistura de sacralidade e paganismo e as imagens insólitas. Aqui a sonoridade, que tem precedentes nos antigos bardos célticos e na harpa discorde de Gerard Manley Hopkins, toma conta de sua poesia com radicalismo muito maior. Embora seus poemas possam partir de uma frase inicial claramente identificável e esta venha a constituir um estribilho-chave, seus poemas acabam por entretecer um intrincado jogo semântico, guiado mais pelos sons do que pelo sentido, extrapolando de muito a pertinência metafórica preconizada por Eliot.

Mas ele não pratica o *nonsense* como chegou a pensar o poeta de *The Waste Land*, provavelmente num exame superficial e preconcebido. E também não é surrealista, visto que as manifestações mais ortodoxas e mecânicas de "automatismo psíquico", compostas de frases disjuntivas, não elaboradas artisticamente, funcionam mais como provocações epocais do que como produto poético acabado. Dylan Thomas não quer provocar, quer fazer poesia, e faz grande poesia. Consegue impregnar as suas metáforas e a semântica fugidia das suas estranhas formulações sintáticas com uma arrepiante intensidade emocional e uma palpabilidade corpórea, algo que o seu biógrafo Paul Ferris[1] caracteriza como "poemas anatômicos", que vão de "rajadas de palavras biológicas" a "uma mistura glandular de prazer e temor". As concreções fonossemânticas criadas por essa biopoesia criam um campo específico, onde, de fato, importa menos a identificação dos significados e afloram mais as projeções de sons e imagens que associam temas, antes que vitais, viscerais – o nascimento, o amor e a morte, organica e obsessivamente perseguidos, em permanente diálogo com a natureza antropomorfizada.

Influências? Muitas, como ele mesmo admititu. Mas entre elas, evidentes, além dos "metafísicos", William Blake, Hopkins e Joyce – já que ele mesmo proclamou ser "o *Finnegans Wake* o maior livro dos nossos tempos e o seu favorito sobre todos os outros" , conforme escreve William York Tindall em *A Reader's Guide to Dylan Thomas*[2]. E desde que o poeta incluíu, entre as suas leituras, a das "baladas escocesas", fico a pensar se ai não estarão incluídos os "Middle Scot poets" dos séculos XV e XVI, entre os quais avulta a figura de William Dunbar, com os seus versos aliterantes. O mais conhecido dos seus poemas, "Lament for the Makeris" (Lamento pelos Poetas, *makers*), com

---

1. Dylan Thomas, New York: Penguin Books, 1978.
2. New York: The Noonday Press, 1962.

suas quadras terminadas no bordão "Timor mortis conturbat me", pode, entre outros, ter passado pelos olhos de Dylan:

> No stait in erd heir standis sickir;
> As with the wind wavis the wickir,
> Wavis the wairld vanite;
> Timor mortis conturbat me.

em tradução livre, aliterativa:

> Na terra nenhum ser segue seguro:
> Como ao vento voraz se verga o vime,
> Verga-se a vaidade desta vida;
> Timor mortis conturbat me.

"O temor da morte me perturba". Não sei se algum dos muitos estudiosos da poesia de Dylan Thomas terá feito essa ilação, que a mim me parece mais do que coincidência com os vínculos do bardo galês ao tema da morte. A palavra "bardo", com toda a sua conotação anacrônica, parece justa aplicada a ele, não só pela vida turbulenta e marginal, apesar do sucesso dos últimos anos, como pela vocalização extraordinária que fazia dos seus poemas e de outros que admirava.

Dylan Thomas tinha apenas 19 anos quando escreveu os poemas "The hand that signed the paper" (A mão que assina o ato) "And death shall have no dominion" (E a morte não terá domínio) e "The force that through the green fuse drives the flower" (A força que do pavio verde inflama a flor), todos de 1933. O primeiro é um raro poema participante de Dylan Thomas, um brado premonitório contra a tirania, no ano em que Hitler assumia o posto de chanceler da Alemanha; o segundo exponencia a temática da morte e da ressurreição, obsessiva na poética de Dylan, parecendo soar como uma resposta ao poema de Dunbar. "The force that through the green fuse" tipifica aquilo que Renzo S. Crivelli denomina "interiorização dos processos germinativos da natureza"[3], uma das características da poética thomasiana. Elaborados bem mais tarde e dados a conhecer em 1945 são os poemas "A refusal to mourn the death, by fire, of a child in London" (Recusa a prantear a morte, pelo fogo, de uma menina em Londres), "Im my craft of sullen art" (Neste meu ofício ou arte) e "Vision and Prayer" (Visão e Prece); o primeiro mostra o quanto o poeta foi afetado pela guerra, ainda em plena efervecência, com Londres sob a ameaça de bombardeios. Há um tom amargo nessa antielegia que, como sugere o seu título, patenteia a recusa do poeta à demagogia e à facilidade, exibindo o horror da guerra pelo avesso do costumeiro palavreado elegíaco: as três primeiras estrofes manifestam a recusa e apenas na última o poeta sublinha a realidade brutal que marca o acontecimento num epitáfio contido. Já "In my craft or sullen art" é uma profissão de fé artística das mais sombrias e sóbrias, pungentes e perfeitas da história da poesia; "Do not go gentle into that good night" (Não vás tão docilmente nessa noite linda), dedicado ao pai enfermo, em luta contra a cegueira, escrito também provavelmente em 1945, só veio a ser publicado em 1951, após a morte do pai. Dylan recorre, por vezes, a formas tradicionais ou quase-tradicionais (do soneto ao vilancete, recortando seus versos em estrofes), mas essas formas são "dylanisadas", truculentamente adaptadas à voz e à expressão do poeta, que as usa apenas como apoio rítmico e retórico para a sua explosão sonoro-vivencial.

Quem ouviu Dylan Thomas dizer os seus poemas (e ele é um dos maiores intérpretes de poesia que já se conheceu) há de ter percebido

3. Dylan Thomas – Poesie, a cura di Renzo S. Crivelli, traduzione e note di Ariodante Marianni, Torino: Einaudi, 1976.

instantaneamente o quanto há de imantação sonora e hipnótico esplendor expressivo nessa poesia, guiada pelo envolvimento da voz privilegiada e da interpretação impactante do bardo galês. Dos poemas que traduzi, há registro vocal de "The hand that signed the paper", "And death shall have no dominion", "A refusal to mourn the death, by fire, of a child in London" , "Do not go gentle into that good night" e "In my craft or sullen art". De todas, a leitura que mais me impressionou foi a desta última composição, proferida com um comedimento que contrasta com as outras, sempre extraordinárias, embaladas nas cadências rítmicas e nas sonoridades encantatórias dos seus versos. Aqui, a voz desce do registro normal ao grave, numa dicção pausada, mandala-*staccato*. Também "Do not go gentle" soa impressionante lida pelo poeta, que sabe domar a sua emoção, expressando-a só com o vibrato de sua voz. Lamentavelmente Dylan Thomas não gravou "Vision and Prayer" – que também traduzi e anexo a este estudo –, poema em que ele retoma a antitradição dos *carmina figurata* de George Puttenham e George Herbert, em língua inglesa. Ao texto, que, em função dos seus temas, adota, no plano visual, as formas do diamante ou de útero (1ª parte) e de asa ou de clepsidra (2ª parte), corresponde a estrutura sonora, da palavra minimal à frase longa, num paroxismo nunca antes experimentado. A dificuldade da tradução se acentua neste caso pelo fato de Thomas utilizar-se ao máximo de monossílabos, abundantes em sua língua, escassos na nossa. Não posso dizer que tenha entendido tudo aquilo que ele quis dizer nesse poema ao mesmo tempo religioso e laico, tingido de imagens cristãs, mas desviadas para um plano pessoal, hermético, cifrado, lembrando por vezes as preces germano-barrocas de Quirinus Kuhlman, que acabou queimado vivo em Moscou, acusado de heresia. A análise minuciosa, estrofe a estrofe, de William York Tyndall, em *A Reader's Guide to Dylan Thomas*, desta feita não me satisfez inteiramente. Para ele, em linhas gerais, o texto induz tanto ao tema da gestação e nascimento de Cristo, como à própria criação do poema. Outros lembraram o nascimento do filho, Llewelyn. em 30 de janeiro de 1939, pressupondo que o poeta teria começado a escrever o poema nesse ano; e muitos notaram que a circunstância de o idioma inglês poder capsular o nascimento e a morte nas palavras "womb" e "tomb", recorrentes na poesia de Dylan, é uma chave importante para a decifração do texto. Poema pré-concreto, nas contrações moleculares dos seus versos, iconiza os temas do nascimento, morte e ressurreição em suas "sístoles e diástoles" estróficas, como sintetiza Décio Pignatari no estudo "Ovo Novo no Velho"[4] , que recenseia as estruturas pictográficas de forma ovalada a partir do notável poema do grego Símias de Rodes (cerca de 300 a.C.). Se Dylan não chegou a oralizar "Visão e Prece", esse poema ganhou nova vida, da fala ao canto, na voz de Bethany Beardslee, grande intérprete de composições contemporâneas, como o *Pierrot Lunaire*, respaldada, no caso do poema thomasiano, pela música eletrônica (erudito-eletrônica, entenda-se) de Morton Subotnik.

Um cotejo com a leitura que Eliot faz de *The Waste Land*, incensurável em sua escansão perfeita, mas voluntariamente seca e impessoal, é muito significativo, marcando a diferença de postura estética dos dois poetas. Entre os dois estilos de interpretação poderíamos situar as vozes de Pound e Cummings, magníficos leitores de poesia. Pound gravou vibrantes leituras de seus poemas, com vigor e grande versatilidade interpretativa, chegando a modular os versos latinos, nos momentos em que os seus Cantos, como ele mesmo diz, "break into song", ou a caricaturar o sotaque de um senador do Alabama, mas sempre tingindo o seu discurso não sentimental de pregnante emoção, que se eleva ao ápice no "Canto da Usura" ou em passagens mais pessoais como "Pull down thy vanity". Cummings que,

---

4. Em *Teoria da Poesia Concreta*, de A. e H. de Campos e D. Pignatari. São Paulo: Edições Invenção, 1965; Duas Cidades, 1975 (2. ed.); Brasiliense, 1987 (3. ed.); Ateliê Editorial, 2006 (4. ed.).

como Dylan Thomas, fez sucesso em suas leituras públicas, privilegia o tom irônico na interpretação de poemas como "MEMORABILIA" (Stop look & / listen / Venezia...), no qual, satirizando a invasão turística americana em Veneza, pode tanto cantarolar um trecho do "Hino Patriótico de Guerra da República" (publicado em 1862, durante a Guerra Civil, por Julia Ward Howe), como entremear as falas das turistas com os "topoi" venezianos, em colagem vocal. Porém acima de tudo as leituras de Cummings revelam um finíssimo ouvido musical para ritmo e timbre, como se percebe em poemas como "Spring is a perhaps hand", onde o registro vocal se alteia e demora na palavra "Spring" para a seguir descair e subir de novo na palavra "perhaps", numa sábia demonstração do quanto o poeta compreendia molecularmente as palavras não só visual mas sonoramente.

Alguns dos poemas traduzidos foram mais de uma vez vertidos para o português, mas nunca sob o critério da tradução-arte, que impõe que se recrie, a par da tensão emocional, a estrutura formal: o ritmo, a concentração e os jogos sonoros, e quando isto é possível – como no caso de "The hand that signed the paper" e de "Do not go gentle" –, também o esquema rímico original. Não é fácil. Em "In my craft or sullen art" não foi viável manter as rimas, tal a sua compacta orquestração, propiciada pelo idioma-base, mas procurei compensar essa perda com paronomásias criativas ("lua ulula", "mero salário", "coração mais raro"), de forma a armar um todo denso e convincente, com um ritmo bastante próximo, girando em torno do heptassílabo, assim entendido pela nossa tradição, que conta até a última sílaba tônica, desprezando a átona final. Quanto aos demais, adoto, como na maioria dos casos de conversão do pentâmetro inglês para o nosso idioma, o dodecassílabo preferentemente ao decassílabo, dado o maior monossilabismo do inglês, mantendo porém a equivalência da acentuação, que se pode dizer dominantemente iâmbica, sem desconsiderar a atenção que Dylan Thomas dava aos metros silábicos. As rimas são mantidas em "A mão que assina o ato", assim como em "Não vás tão docilmente", poema que segue a rigor o engenhoso formato do vilancete: cinco tercetos e um quarteto; a primeira linha é repetida no verso final do segundo e quarto tercetos; a terceira linha reaparece como verso final do terceiro e quinto tercetos: o quarteto termina com a primeira e a terceira linha do primeiro terceto; apenas dois tipos de rima percorrendo todo o texto. A propósito, comenta Wylliam York Tindall, para quem o poeta, afeiçoado aos labirintos prosódicos, era no fundo um formalista: "'Do not go gentle' não seria nem a metade tão comovente sem a ritualística repetição com variações que a forma exige. Thomas tinha encontrado a forma inevitável para os seus objetivos". A estrita equivalência silábica não é viável na tradução de "Vision and Prayer", sem grandes desfiguração, ou sem grandes perdas semânticas do texto de chegada. No habilidoso esquema do original, o autor acresce e decresce as sílabas de cada linha num movimento de progressão e retrogradação, contando de uma a nove e de nove a uma as sílabas dos versos em cada uma das doze estrofes. Abdicando-se de uma equivalência absoluta com esse esquema, é possível, no entanto, acompanhar aproximativamente tanto a forma como o congestionameno sonoro, rimado ou não, de todo o poema. A título de ilustração, dou aqui o resultado de um exercício de absoluta fidelidade silábica na versão da primeira estrofe, admitida, como no texto inglês, a contagem ou não da última sílaba fraca, e cortando na carne da semântica original:

Quem
É o ser
Que vai nas-
Cer tão rente
Tão perto de mim
Que eu posso ouvir o ventre
Se abrindo e a escura corrente
Sobre o fantasma e o filho atrás do
Muro como o osso de um carriço?
No quarto cruento avesso
Ao fogo e ao jogo do tempo
E à cor do coração
Nenhum batismo
Só a escuridão
Abençoa
Quem nas-
Ceu.

Dou, a seguir, a mesma estrofe, na versão mais extensa que preferi adotar para evitar grandes perdas semânticas:

Quem
É o ser
Que vai nascer
No quarto tão rente
De mim e tão pungente
Que eu posso ouvir o ventre
A se abrir e a escura corrente
Sobre o fantasma do filho cadente
Atrás do muro fino como o osso de um carriço?
No quarto cruento do nascimento avesso
Ao fogo e ao jogo do tempo sem nome
E à cor do coração do homem
Nenhum batismo brando
A escuridão apenas
Abençoando
O que nas-
Ceu.

Nos dois casos, a segunda linha "are you", que rima com o "Who" da primeira, traduz-se obviamente, em versão literal, por "és tu" ou "é você", mas "és tu" soa demasiado enfático e desagradável, e "é você" tem três sílabas. Daí ter eu preferido a solução "é o ser", que, além de proporcionar uma rima interessante, perfaz duas sílabas com a elisão das vogais, parecendo-me necessário, sempre que possível, buscar equivalências silábicas com o original, especialmene nas entradas e saídas moleculares do poema. Ao contrário, em "Recusa a prantear a morte, pelo fogo, de uma criança em Londres", optei por enxugar o texto numa leitura intepretativa, para manter o ritmo e o pique emocional do poema, tentando imaginar como o poeta resolveria as situações linguísticas se estivesse escrevendo em português. Acho que consegui manter o "tônus", seguindo um viés sintático mallarmaico (Jamais... hei de salmear... à majestade e às chamas da criança) para captar o tortuoso e torturado caminho do original.

Os poemas traduzidos que foram gravados por Dylan Thomas contam-se entre as leituras prediletas do poeta e pode-se ouvir alguns deles até nos respectivos "audios" de "sites" da Internet dedicados ao poeta. É talvez a melhor forma de aproximar-se da sua poesia. Como no caso do Joyce, cuja leitura gravada do trecho final do "diálogo das lavadeiras" ilumina todo o livro.

Há poetas que não mudaram o curso da poesia, não estão entre os timoneiros da literatura do presente e do futuro, e que no entanto deixaram um sinal indelével no caminho das artes. Num pequeno estudo elaborado, a partir de um questionamento sobre a definição da poesia – "Che cos'è la poesia?" –, Derrida chegou a uma definição tão espantosamente singela quanto profunda e que assim se resume: "Poesia é aquilo que se quer aprender de cor: *imparare a memoria*"[5]. É isso mesmo, entendendo-se – acrescento eu – esse "decorar" como o reconhecimento daquela equação vocabular da qual não se pode mudar uma palavra ou uma letra sem perder o momento mágico, insubstituível, trate-se de poemas sonoros, visuais ou o que forem. Na definição de Pound, "uma espécie de matemática inspirada que nos dá equações, não para imagens abstratas, triângulos, esferas e coisas semelhantes, mas para as emoções humanas." Jamais me esquecerei dos injustificavelmente esquecidos versos lapidares de Décio Pignatari: "somente o amor e em sua ausência o amor / decreta, superposto em ostras de coragem / o exílio do exílio, à margem da margem". Como de tantos

5. "Che Cos'è la Poesia?", *Points de Suspension*, Paris: Galilée, 1992. Aqui citado em tradução de Osvaldo Manuel Silvestre (Coimbra: Angelus Novus, 2003).

versos de Garcia Lorca (de cujo *Cancionero Gitano* eu sempre soube de cor "romances" inteiros). De longe escuto e repito os versos provençais que Dante atribuiu à alma de Arnaut Daniel na *Divina Comédia*, e que eu disse certa vez de improviso numa alocução em Marselha, para espanto do público que me rodeava. Vejo e ouço "r-p-o-p-h-e-s-s-a-g-r" de Cummings. A poesia de Dylan Thomas, nos seus melhores momentos, é daquelas que não se esquece. E que se quer decorar.

the force that through the
green fuse drives the flower

The force that through the green fuse drives the flower
Drives my green age; that blasts the roots of trees
Is my destroyer.
And I am dumb to tell the crooked rose
My youth is bent by the same wintry fever.

The force that drives the water through the rocks
Drives my red blood; that dries the mouthing streams
Turns mine to wax.
And I am dumb to mouth unto my veins
How at the mountain spring the same mouth sucks.

The hand that whirls the water in the pool
Stirs the quicksand; that ropes the blowing wind
Hauls my shroud sail.
And I am dumb to tell the hanging man
How of my clay is made the hangman's lime.

The lips of time leech to the fountain head;
Love drips and gathers, but the fallen blood
Shall calm her sores.
And I am dumb to tell a weather's wind
How time has ticked a heaven round the stars.

And I am dumb to tell the lover's tomb
How at my sheet goes the same crooked worm.

a força que do pavio
verde inflama a flor

A força que do pavio verde inflama a flor
Inflama a minha idade verde; que rói as raízes das árvores
É a que me destrói.
E mudo eu sou para dizer à rosa curva
Que à minha juventude encurva a mesma febre de inverno.

A força que através das rochas move a água
Move o meu sangue rubro; que seca os rios vociferantes
Torna em cera os meus rios.
E mudo eu sou para gritar às minhas veias
Que é a mesma boca a sorver a fonte da montanha.

A mão que faz girar a água no charco
Acorda a areia movediça; que amarra o sopro do vento,
Me arma a vela e a mortalha.
E mudo eu sou para dizer ao enforcado
Que a minha argila e a do carrasco são a mesma argila.

O tempo com seus lábios suga as minhas fontes;
O amor goteja e coalha mas o sangue caído
Calmará suas chagas.
E mudo eu sou para dizer ao vento como o tempo
Pulsou um céu em torno das estrelas.

E mudo eu sou para dizer ao túmulo da amante
Que, curvo, em meus lençóis, se arrasta o mesmo verme.

1933

thomas

dylan

the hand that signed the paper felled a city

The hand that signed the paper felled a city;
Five sovereign fingers taxed the breath,
Doubled the globe of dead and halved a country;
These five kings did a king to death.

The mighty hand leads to a sloping shoulder,
The finger joints are cramped with chalk;
A goose's quill has put an end to murder
That put an end to talk.

The hand that signed the treaty bred a fever,
And famine grew, and locusts came;
Great is the hand the holds dominion over
Man by a scribbled name.

The five kings count the dead but do not soften
The crusted wound nor pat the brow;
A hand rules pity as a hand rules heaven;
Hands have no tears to flow.

a mão que assina o
ato assassina a cidade

A mão que assina o ato assassina a cidade.
Cinco dedos reais taxam o ar — é a lei.
Cevam o morticínio e ceifam um país;.
Os cinco reis que dão cabo de um rei.

A mão que manda mana de um ombro em declínio,
Cãibras deduram nós nos dedos que a cal cala.
Penas de ganso firmam o assassínio
Que pôs fim a uma fala.

A mão que assina o pacto traz a peste,
Praga e devastação, o gafanhoto e a fome;
Grande é a mão que pesa sobre o homem
Ao rabisco de um nome.

Os cinco reis contam os mortos mas não curam
A crosta da ferida e o rosto já sem cor.
A mão rege a clemência como a outra os céus.
Mãos não têm lágrimas a expor.

1933

and death shall have no dominion

And death shall have no dominion.
Dead men naked they shall be one
With the man in the wind and the west moon;
When their bones are picked clean and the clean bones gone,
They shall have stars at elbow and foot;
Though they go mad they shall be sane,
Though they sink through the sea they shall rise again;
Though lovers be lost love shall not;
And death shall have no dominion.

And death shall have no dominion.
Under the windings of the sea
They lying long shall not die windily;
Twisting on racks when sinews give way,
Strapped to a wheel, yet they shall not break;
Faith in their hands shall snap in two,
And the unicorn evils run them through;
Split all ends up they shan't crack;
And death shall have no dominion.

e a morte não terá domínio

E a morte não terá domínio.
Nus, os mortos hão de ser um.
Com o homem ao léu e a lua em declínio.
Quando os ossos são só ossos que se vão,
Estrelas nos cotovelos e nos pés;
Mesmo se loucos, hão de ser sãos,
Do fundo do mar resssucitarão
Amantes podem ir, o amor não.
E a morte não terá domínio.

E a morte não terá domínio.
Sob os turvos torvelinhos do mar
Os que jazem já não morrerão ao vento,
Torcendo-se nos ganchos, nervos a desfiar,
Presos a uma roda, não se quebrarão,
A fé em suas mãos dobrará de alento,
E os males do unicórnio perderão o fascínio,
Esquartejados não se racharão
E a morte não terá domínio.

1933

thomas dylan

And death shall have no dominion.
No more may gulls cry at their ears
Or waves break loud on the seashores;
Where blew a flower may a flower no more
Lift its head to the blows of the rain;
Though they be mad and dead as nails,
Heads of the characters hammer through daisies;
Break in the sun till the sun breaks down,
And death shall have no dominion.

E a morte não terá domínio.
Os gritos das gaivotas não mais se ouvirão
Nem as ondas altas quebrarão nas praias.
Onde uma flor brotou não poderá outra flor
Levantar a cabeça às lufadas da chuva;
Embora sejam loucas e mortas como pregos,
Testas tenazes martelarão entre margaridas:
Irromperão ao sol até que o sol se rompa,
E a morte não terá domínio.

a refusal to mourn the death, by fire, of a child in london

Never until the mankind making
Bird beast and flower
Fathering and all humbling darkness
Tells with silence the last light breaking
And the still hour
Is come of the sea tumbling in harness

And I must enter again the round
Zion of the water bead
And the synagogue of the ear of corn
Shall I let pray the shadow of a sound
Or sow my salt seed
In the least valley of sackcloth to mourn

The majesty and burning of the child's death.
I shall not murder
The mankind of her going with a grave truth
Nor blaspheme down the stations of the breath
With any further
Elegy of innocence and youth.

Deep with the first dead lies London's daughter,
Robed in the long friends,
The grains beyond age, and dark veins of her mother,
Secret by the unmourning water
Of the riding Thames.
After the first death, there is no other.

recusa a prantear a morte, pelo fogo, de uma menina em londres

Jamais até que ao homem humilhado
Com ave e fera e flor
A escuridão que os fez
Diga pelo silêncio o fim do último lume
E a hora do torpor
Venha em tropel do mar e se consume

Ainda que eu deva reviver a circular
Sião da perolágrima
E o grão trigal da sinagoga
Hei de salmear a sombra de um só som
Das sementes de sal
No último vale em vestes de lamúria

À majestade e às chamas da criança.
Não me verão matar
O que há de humano na verdade rude
Nem violar a via-crúcis da lembrança
Com mais alguma
Elegia à inocência e à juventude.

Com o primeiro morto jaz, filha de Londres,
Vestida amigos, grãos além-agora,
Nas veias turvas de sua mãe se encontra,
No mais secreto da água que não chora
Do Tâmisa que trota.
Depois da primeira morte, não há outra.

1945

in my craft or sullen art

In my craft or sullen art
Exercised in the still night
When only the moon rages
And the lovers lie abed
With all their griefs in their arms,
I labour by singing light
Not for ambition or bread
Or the strut and trade of charms
On the ivory stages
But for the common wages
Of their most secret heart.

Not for the proud man apart
From the raging moon I write
On these spindrift pages
Nor for the towering dead
With their nightingales and psalms
But for the lovers, their arms
Round the griefs of the ages,
Who pay no praise or wages
Nor heed my craft or art.

neste meu ofício ou arte

Neste meu ofício ou arte
Soturna e exercida à noite
Quando só a lua ulula
E os amantes se deitaram
Com suas dores em seus braços,
Eu trabalho à luz que canta
Não por glória ou pão, a pompa
Ou o comércio de encantos
Sobre os palcos de marfim
Mas pelo mero salário
Do seu coração mais raro.

Não para o orgulhoso à parte
Da lua ululante escrevo
Nestas páginas de espuma
Nem aos mortos como torres
Com seus rouxinóis e salmos
Mas para os amantes, braços
Cingindo as dores do tempo,
Que não pagam, louvam, nem
Sabem do meu ofício ou arte.

thomas

1945   dylan

do not go gentle into that good night

Do not go gentle into that good night,
Old age should burn and rave at close of day;
Rage, rage against the dying of the light.

Though wise men at their end know dark is right,
Because their words had forked no lightning they
Do not go gentle into that good night.

Good men, the last wave by, crying how bright
Their frail deeds might have danced in a green bay,
Rage, rage against the dying of the light.

Wild men who caught and sang the sun in flight,
And learn, too late, they grieved it on its way,
Do not go gentle into that good night.

Grave men, near death, who see with blinding sight
Blind eyes could blaze like meteors and be gay,
Rage, rage against the dying of the light.

And you, my father, there on the sad height,
Curse, bless me now with your fierce tears, I pray,
Do not go gentle into that good night.
Rage, rage against the dying of the light.

não vás tão docilmente

Não vás tão docilmente nessa noite linda;
Que a velhice arda e brade ao término do dia;
Clama, clama contra o apagar da luz que finda.

Embora o sábio entenda que a treva é bem-vinda
Quando a palavra já perdeu toda a magia,
Não vai tão docilmente nessa noite linda.

O justo, à última onda, ao entrever, ainda,
Seus débeis dons dançando ao verde da baía,
Clama, clama contra o apagar da luz que finda.

O louco que, a sorrir, sofreia o sol e brinda,
Sem saber que o feriu com a sua ousadia,
Não vai tão docilmente nessa noite linda.

O grave, quase cego, ao vislumbrar o fim da
Aurora astral que o seu olhar incendiaria,
Clama, clama contra o apagar da luz que finda.

Assim, meu pai, do alto que nos deslinda,
Me abençoa ou maldiz. Rogo-te, todavia:
Não vás tão docilmente nessa noite linda.
Clama, clama contra o apagar da luz que finda.

1945

vision and prayer

Who
Are you
Who is born
In the next room
So loud to my own
That I can hear the womb
Opening and the dark run
Over the ghost and the dropped son
Behind the wall thin as a wren's bone?
In the birth bloody room unknown
To the burn and turn of time
And the heart print of man
Bows no baptism
But dark alone
Blessing on
The wild
Child.

I
Must lie
Still as stone
By the wren bone
Wall hearing the moan
Of the mother hidden
And the shadowed head of pain
Casting tomorrow like a thorn
And the midwives of miracle sing
Until the turbulent new born
Burns me his name and his flame
And the winged wall is torn
By his torrid crown
And the dark throne
From his loin
To bright
Light.

v i s ã o   e   p r e c e

Quem
É o ser
Que vai nascer
No quarto tão rente
De mim e tão pungente
Que eu posso ouvir o ventre
Se abrindo na obscura corrente
Sobre o fantasma e o   filho cadente
Atrás do muro fino como o osso de um carriço?
No quarto cruento do nascimento avesso
Ao fogo e ao jogo do tempo sem nome
E à cor do coração do homem
Nenhum batismo brando
A escuridão apenas
Abençoando
O que nas-
Ceu.

Eu
Devo jazer
Qual pedra mudo
Parado junto ao muro
De osso oco enquanto ouço
O gemido da mãe no calabouço
E a cabeça a sair em dor do escuro
Expulsando o amanhã como um espinho
E as parteiras de portentos com seus coros
Até que a voz do turbulento nascituro
Me queime com seu nome e seu calor
E todo o alado muro desmorone
Por   sua   tórrida   coroa
E o negro trono
Do seu lombo
À flux da
Luz.

1945

thomas

dylan

When
The Wren
Bone writhes down
And the first dawn
Furied by his stream
Swarms on the kingdom come
Of the dazzler of heaven
And the splashed mothering maiden
Who bore him with a bonfire in
His mouth and rocked him like a storm
I shall run lost in sudden
Terror and shining from
The once hooded room
Crying in vain
In the caldron
Of his
Kiss

In
The spin
Of the sun
In the spuming
Cyclone of his wing
For I was lost who am
Crying at the man drenched throne
In the first fury of his stream
And the lightnings of adoration
Back to black silence melt and mourn
For I was lost who have come
To dumbfounding haven
And the finding one
And the high noon
Of his wound
Blinds my
Cry

Se

O osso

Do carriço

Torcer-se e a aurora

Enfurecida por seu rio

Enxamear o reino advindo

Do encantador do astral celeste

E da orvalhada virgem maternante

Que o fez nascer com uma fogueira em sua

Boca e o embalou como um tornado

Eu correrei perdido em momentâneo

Terror e brilhando com o brilho

Do quarto antes sem lampejo

Chorando em vão

No caldeirão

Do seu

Beijo

No

Giro

Do sol insone

Na espuma em brasa

Do ciclone de sua asa

Pois me perdi eu que me atiro

Chorando ao trono húmido e frio

Do homem na primeira fúria do seu rio

E todos os relâmpagos de ais e suspiros

Ora em negro silêncio choram e deploram

Visto que eu me perdi eu que cheguei

Ao porto mais perturbador

E ao único que acha

E a luz do meio-dia

De sua chaga

Cega-me a

Dor

There
Crouched bare
In the shrine
Of his blazing
Breast I shall waken
To the judge blown bedlam
Of the uncaged sea bottom
The cloud climb of the exhaling tomb
And the bidden dust upsailing
With his flame in every grain.
O spiral of ascension
From the vultured urn
Of the morning
Of man when
The land
And

The
Born sea
Praised the sun
The finding one
And upright Adam
Sang upon origin!
O the wings of the children!
The woundward flight of the ancient
Young from the canyons of oblivion!
The sky stride of the always slain
In battle! the happening
Of saints to their vision!
The world winding home!
And the whole pain
Flows open
And I
Die.

Lá
Curvado nu
Na furna da urna
Do seu fulgurante
Peito sem fim acordarei
Para o jubilunático juízo
Da profundeza do mar sem peias
À névoa da nuvem da nave da tumba
E ao pó imposto a velejar para o alto
Com sua flama em cada grão.
Oh! espiral em ascensão
Do vulturino relicário
Da manhã do homem
Quando a terra
Em que ele
Erra

E
O mar
Nato louvam o sol
Aquele Um que se abre
E um ereto Adão
Cantou sobre sua origem!
Oh! as asas das crianças!
E o lacerado voo dos antigos
Jovens dos mais longevos cânions do oblívio!
A marcha celestial dos sempre mortos
Em batalha! A miragem
Dos santos nos seus olhos!
O mundo sem paragem!
E toda a dor ro-
Deia - me
E eu
Morro.

II

In the name of the lost who glory in
The swinish plains of carrion
Under the burial song
Of the birds of burden
Heavy with the drowned
And the green dust
And bearing
The ghost
From
The ground
Like pollen
On the black plume
And the beak of slime
I pray though I belong
Not wholly to that lamenting
Brethren for joy has moved within
The inmost marrow of my heart bone

That he who learns now the sun and moon
Of his mother's milk may return
Before the lips blaze and bloom
To the birth bloody room
Behind the wall's wren
Bone and be dumb
And the womb
That bore
For
All men
The adored
Infant light or
The dazzling prison
Yawn to his upcoming.
In the name of the wanton
Lost on the unchristened mountain
In the centre of dark I pray him

II

Em nome dos perdidos que se aplaudem
Nos porcinos plainos dos cadáveres
Sob os cantos funéreos
De aves de carga curvas
Ao peso das carcaças
Do mar e do verde
Pó espectral
Do que
Vem
Do chão
Qual pólen
Na pluma preta
E no bico de lama
Eu clamo embora não pertença
Inteiramente a essa lamurienta
Hoste porque a alegria alvoreceu no interno
Da mais ima medula do osso da minha alma

Que o que aprendeu agora o sol e a lua
Do leite de sua mãe retome alento
Antes que os lábios flamem e floresçam
No quarto do nascer sanguinolento
Atrás do muro de osso
Do carriço e emudeçam
E o ventre que
Pariu
Para
Todos
Os homens
A luz do amado infante
Ou cárcere de encanto
Boceje agora à sua vinda.
Em nome dos impuros
Perdidos na montanha sem batismo
A ele ora eu imploro do centro deste escuro

That he let the dead lie though they moan
For his briared hands to hoist them
To the shrine of his world's wound
And the blood drop's garden
Endure the stone
Blind host to sleep
In the dark
And deep
Rock
Awake
No heart bone
But let it break
On the mountain crown
Unbidden by the sun
And the beating dust be blown
Down to the river rooting plain
Under the night forever falling.

Forever falling night is a known
Star and country to the legion
Of sleepers whose tongue I toll
To mourn his deluging
Light through sea and soil
And we have come
To know all
Places
Ways
Mazes
Passages
Quarters and graves
Of the endless fall.
Now common lazarus
Of the charting sleepers prays
Never to awake and arise
For the country of death is the heart's size

Deixe que os mortos jazam mesmo que se insurjam
E com suas mãos de urze os alce e urja
À urna de sua úlcera do mundo
E o jardim das gotas de sangue
Clausure a hoste cega
De pedra até o sono
Na escura
E funda
Rocha
Desabroche
Não o osso da alma
Mas que ele se rache
Na coroa do monte
Não comandado pelo sol
E que se arraste enfim o pó
Até o fim da foz do rio mais distante
Sob o negror da noite caíndo para sempre só.

Para sempre caíndo a noite é uma estrela
Conhecida e um país para a legião
Dos dormientes cuja língua eu tanjo
Para prantear sua diluviosa
Luz através de mar e solo
E assim viemos
A conhecer
Lugares
Ruas
Labirintos
E passagens
Bairros e túmulos
Da queda interminável.
Agora lázaro comum
Das orações que armam os dormientes
Para nunca acordar e levantar-se
Pois o país da morte é igual a um coração

And the star of the lost the shape of the eyes.
In the name of the fatherless
In the name of the unborn
And the undesirers
Of midwiving morning's
Hands or instruments
O in the name
Of no one
Now or
No
One to
Be I pray
May the Crimson
Sun spin a grave grey
And the colour of clay
Stream upon his martyrdom
In the interpreted evening
And the known dark of the earth amen.

I turn the corner of prayer and burn
In a blessing of the sudden
Sun. In the name of the damned
I would turn back and run
To the hidden land
But the loud sun
Christens down
The sky.
I
Am found.
O let him
Scald me and drown
Me in his world's wound.
His lightning answers my
Cry. My voice burns in his hand.
Now I am lost in the blinding
One. The sun roars at the prayer's end.

E a estrela dos perdidos tem a forma de olhos.
Em nome dos sem pai
Em nome dos não natos
E dos que recusam
As mãos ou instrumentos
Das manhãs parturientes
Oh! em nome
De ninguém
Agora ou
Quem
Quer que
enha eu oro:
Que o sol carmim
Seja um túmulo sem
Cor e a cor sem cor da argila
Escorra sobre o seu martírio
No ocaso acaso interpretado enfim
E a conhecida escuridão da terra amém.

Eu viro ao viés da prece e queimo à pira
Sob a consolação de um súbito
Sol. Em nome dos malditos
Todo o meu ser gira
Para a terra oculta
Mas o sol avulta
E batiza
O céu.
Eu
Me acho.
Arda-me e afunde-
Me na ferida do mundo.
Seu raio responde ao meu
Grito. Minha voz queima em sua mão.
Agora estou perdido e me enceguece
O Um. O sol ruge ao término da prece.

nota informativa

Com exceção de "Iessiênin, Mais à Esquerda que a Esquerda" e "A Pedra de Mandeslstam", os estudos reunidos neste livro foram publicados anteriormente em jornais e revistas com alguns dos poemas traduzidos. Seus textos, porém, foram revistos e ampliados para a presente edição. A seguir, a listagem de publicações.

• QUIRINUS KUHLMANN: A POESIA EM CHAMAS, com o "Soneto 41º – Beijo de Amor Celeste". *Folha de S. Paulo*, Mais!, São Paulo, 11 ago. 2002 – sob o título "Poesia em Chamas".

• A IMPLOSÃO POÉTICA DE MALLARMÉ, com os poemas "Primavera", "Tristeza de Verão", "Cansado do Ócio Amargo", "Pelos bosques do olvido...", "Triunfalmente a fugir...", "Rememoração de amigos belgas", "Prosa". *Folha de S. Paulo*, Mais!, São Paulo, 15 mar. 1992 – sob o título "Mallarminúcias".

• DA GERAÇÃO QUE DISSIPOU SEUS POETAS, com os poemas Cleópatra, de Aleksandr Blok, "Contra a Fama", de Boris Pasternak, "Silentium", "A Concha", "Dos Cadernos de Vorôniej (Liberta-me, libera-me...)", de Mandelstam. *Folha de S. Paulo*, Mais!, São Paulo, 5 fev. 1995.

• A RECUSA DE TZVIETÁIEVA, com os poemas "Tentativa de Ciúme", "Negra como pupila" (Do ciclo "Insônia), "Diante de um rio que é já outro rio" (Do ciclo "Louvor de Afrodite"), "Jardim" e "Lágrimas de ira e amor!" (do ciclo "Versos à Tchecoslováquia). *Folha de S. Paulo*, Livros. São Paulo, 4 out. 1992.

• YEATS: A TORRE E O TEMPO, com o poema "A Torre". *Folha de S. Paulo*, Mais!, São Paulo, 14 jun. 1998.

• GERTRUDE STEIN: SIM E NÃO. *Folha de S. Paulo*, Mais!, São Paulo, 21.jul. 1996.

- WALLACE STEVENS: A ERA E A IDADE, com "Le Monocle de Mon Oncle" e "Intradução:Vocalissimus". *Folha de S. Paulo*, Mais!, São Paulo, 3 ago. 1997.

- HART CRANE: A POESIA SEM TROFÉUS, com os poemas "Louvor a uma Urna", "Ó Ilha do Caribe!", "A Planta do Ar" e "Imperator Victus". *Folha de S. Paulo*, Livros, São Paulo, 7 ago. 1994.

- DYLAN THOMAS: O BARDO REJEITADO, com os poemas "A força que do pavio verde inflama a flor", "E a morte não terá domínio" e "Neste meu ofício ou arte". Revista ETC n. 5, maio de 2005.

índice das ilustrações

70 Un Coup de Dés, 1897, manuscrito de Stéphane Mallarmé. Coleção particular, foto Musée d'Orsay/P. Schmidt.

84 Aleksandr Blok, foto, 1906.

96 Anna Akhmátova, desenho de Modigliani, Paris, 1911.

102 Boris Pasternak em sua "datcha" de Pieredélkino, 1958 (foto: Cornell Capa).

106 Mandesltam, foto, 1922.

128 Isadora Duncan e Iessiênin em Nova York, foto, outubro de 1922.

170 Texto sobreposto a foto de Marina Tzvietáieva de 1911.

172 William Butler Yeats, 1930 (foto: Radio Times Hulton Picture Library).

212 A Torre, "Thoor Ballylee", Gort, County Galway.

214 Gertrude Stein, 1920, estátua em bronze de Jo Davidson (Whitney Museum).

252 Wallace Stevens, foto, 1922.

282 Hart Crane, por David Alvaro Siqueiros, 1929.

313 Texto sobreposto à foto de estátua de imperador inca (Staatl Museum für Volkerkunden de Munich).

316 Dylan Thomas, foto (The Hulton-Deutsch Collection).

o b r a s   d o   a u t o r

POESIA

O REI MENOS O REINO. São Paulo: ed. do autor, 1951.

POETAMENOS (1953). Noigandres n. 2. São Paulo: ed. dos autores, 1955; 2. ed. São Paulo: Invenção, 1973.

ANTOLOGIA NOIGANDRES (com Décio Pignatari, Haroldo de Campos, Ronaldo Azeredo e José Lino Grünewald). São Paulo: ed. dos autores, 1962.

LINGUAVIAGEM (CUBEPOEM). Limited edition of 100 copies, designed by Philip Steadman. Brighton, 1967; na versão original em português, São Paulo: ed. do autor, 1970.

EQUIVOCÁBULOS. São Paulo: Invenção, 1970.

COLIDOUESCAPO. São Paulo: Invenção, 1971.

POEMÓBILES (1968-74): Poemas-Objetos. Em colaboração com Julio Plaza. São Paulo: ed. dos autores, 1974; 2. ed.. São Paulo: Brasiliense, 1985.

CAIXA PRETA. POEMAS E OBJETOS-POEMAS. Em colaboração com Julio Plaza. São Paulo: ed. dos autores, 1975.

VIVA VAIA (POESIA 1949-79). São Paulo: Duas Cidades, 1979; 2. ed. São Paulo: Brasiliense, 1986; 3. ed. revista e ampliada. São Paulo: Ateliê Editorial, 2001.

EXPOEMAS (1980-85). Serigrafias de Omar Guedes. São Paulo: Entretempo, 1985.

NÃO: POEMA-XEROX. São Paulo: ed. do autor, 1990.

POEMAS. Antologia bilingue a cargo de Gonzalo M. Aguilar. Buenos Aires: Instituto de Literatura Hispanoamericana, 1994.

DESPOESIA (1979-1993). São Paulo: Perspectiva, 1994.

POESIA É RISCO (CD-livro). Antologia poético-musical de O Rei Menos o Reino a Despoemas. Em colaboração com Cid Campos. Rio de Janeiro: Polygram, 1995.

ANTHOLOGIE − DESPOESIA. Préface et traduction par Jacques Donguy. Romainville: Al Dante, 2002.

NÃO (inclui o CD CLIP-POEMAS, animações digitais). São Paulo: Perspectiva, 2003.

ENSAIOS DIVERSOS

REVISÃO DE SOUSÂNDRADE (com Haroldo de Campos). São Paulo: Invenção, 1964; 2. ed. ampliada. São Paulo: Nova Fronteira, 1982. 3. ed. ampliada. São Paulo: Perspectiva, 2002.

TEORIA DA POESIA CONCRETA (com D. Pignatari e H. de Campos). São Paulo: Invenção, 1965; 2. ed. ampliada. São Paulo: Duas Cidades, 1975; 3. ed., São Paulo: Brasiliense, 1987; 4. ed. São Paulo: Ateliê Editorial, 2006).

SOUSÂNDRADE - POESIA (com H. de Campos). Rio de Janeiro: Agir, 1966; 3. ed. revista. 1995.

BALANÇO DA BOSSA E OUTRAS BOSSAS (com Brasil Rocha Brito, Julio Medaglia, Gilberto Mendes). São Paulo: Perspectiva, 1968; 2. ed. ampliada, 1974.

GUIMARÃES ROSA EM TRÊS DIMENSÕES (com H. de Campos e Pedro Xisto). São Paulo: Comissão Estadual de Literatura - Secretaria da Cultura, 1970.

REVISÃO DE KILKERRY. São Paulo: Fundo Estadual de Cultura - Secretaria da Cultura, 1971; 2. ed. ampliada. São Paulo: Brasiliense, 1985.

REVISTAS REVISTAS: OS ANTROPÓFAGOS. In: *Revista da Antropofagia*. Introdução à reedição fac-similar. São Paulo: Abril/Metal Leve S.A., 1975.

REDUCHAMP. Com iconogramas de Julio Plaza. São Paulo: S.T.R.I.P., 1976.

POESIA ANTIPOESIA ANTROPOFAGIA. São Paulo: Cortez e Moraes, 1978.

PAGU: VIDA-OBRA. São Paulo: Brasiliense, 1982.

À MARGEM DA MARGEM. São Paulo: Companhia das Letras, 1989.

O ENIGMA ERNANI ROSAS. Florianópolis: Editora UEPG, 1996

OS SERTÕES DOS CAMPOS (com Haroldo de Campos). Rio de Janeiro: Sette Letras, 1997.

MÚSICA DE INVENÇÃO. São Paulo: Perspectiva, 1998.

TRADUÇÕES E ESTUDOS CRÍTICOS

DEZ POEMAS DE E.E. CUMMINGS. Rio de Janeiro: Serviço de Documentação-MEC, 1960.

CANTARES DE EZRA POUND (com D. Pignatari e H. de Campos). Rio de Janeiro: Serviço de Documentação-MEC, 1960.

PANAROMA DO FINNEGANS WAKE (com H. de Campos). São Paulo: Comissão Estadual de Literatura - Secretaria da Cultura, 1962; 2. ed. ampliada. São Paulo: Perspectiva, 1971; 3. ed. ampliada, 2001.

POEMAS DE MAIAKÓVSKI (com H. de Campos e Boris Schnaiderman). Rio de Janeiro: Tempo Brasileiro, 1967; 2. ed. ampliada. São Paulo: Perspectiva, 1982.

POESIA RUSSA MODERNA (com H. de Campos e B. Schnaiderman). Rio de Janeiro: Civilização Brasileira, 1968; 2. ed. ampliada. São Paulo: Brasiliense, 1985: 3. ed. ampliada. São Paulo: Perspectiva, 2001.

TRADUZIR E TROVAR (com H. de Campos). São Paulo: Papyrus, 1968.

ANTOLOGIA POÉTICA DE EZRA POUND (com D. Pignatari, H. de Campos, J. L. Grünewald e Mário Faustino). Lisboa: Ulisseia, 1968.

ABC DA LITERATURA, DE EZRA POUND (com José Paulo Paes). São Paulo: Cultrix, 1970.

MALLARMARGEM. Rio de Janeiro: Noa–Noa, 1971.

MALLARMÉ (com D. Pignatari e H. de Campos). São Paulo: Perspectiva, 1978.

O TYGRE, DE WILLIAM BLAKE. São Paulo: ed. do autor, 1977.

JOHN DONNE, O DOM E A DANAÇÃO. Florianópolis: Noa-Noa, 1978.

VERSO REVERSO CONTROVERSO. São Paulo: Perspectiva, 1979.

20 POEM(A)S — E.E. CUMMINGS. Florianópolis: Noa-Noa, 1979.

MAIS PROVENÇAIS: RAIMBAUT E ARNAUT. Florianópolis: Noa-Noa, 1982; 2. ed. ampliada. São Paulo: Companhia das Letras, 1987).

EZRA POUND — POESIA (com D. Pignatari, H. de Campos, J. L. Grünewald e M. Faustino. Organização, introdução e notas de A. de Campos). São Paulo: Hucitec, 1983.

PAUL VALÉRY: A SERPENTE E O PENSAR. São Paulo: Brasiliense, 1984.

JOHN KEATS: ODE A UM ROUXINOL O ODE SOBRE UMA URNA GREGA. Florianópolis: Noa--Noa, 1984.

JOHN CAGE: DE SEGUNDA A UM ANO. Introdução e revisão da tradução de Rogério Duprat. São Paulo: Hucitec, 1985.

40 POEM(A)S — E.E. CUMMINGS. São Paulo: Brasiliense, 1986.

O ANTICRÍTICO. São Paulo: Companhia das Letras, 1986.

LINGUAVIAGEM. São Paulo: Companhia das Letras, 1987.

PORTA-RETRATOS: GERTRUDE STEIN. Florianópolis: Noa Noa, 1990.

HOPKINS: CRISTAL TERRÍVEL. Florianópolis: Noa Noa, 1991.

PRÉ-LUA E PÓS-LUA. São Paulo: Arte Pau Brasil, 1991

RIMBAUD LIVRE. São Paulo: Perspectiva, 1992.

IRMÃOS GERMANOS. Florianópolis: Noa Noa, 1993.

RILKE: POESIA-COISA. Rio de Janeiro: Imago, 1994.
HOPKINS: A BELEZA DIFÍCIL. São Paulo: Perspectiva, 1997.
POEM(A)S — E.E. CUMMINGS. Rio de Janeiro: Francisco Alves, 1999
COISAS E ANJOS DE RILKE. São Paulo, Perspectiva. 2001
INVENÇÃO — DE ARNAUT E RAMBAUT A DANTE E CAVALCANTI. São Paulo: Editora Arx, 2003.

SITE

www.uol.com.br/augustodecampos

Este livro foi impresso na cidade de Cotia,
nas oficinas da Meta Brasil, para a Editora Perspectiva.